体育教育和运动训练专业课程综合改革内涵建设项目

青少年功能性体能训练指导丛书

泡沫轴组合训练

李建臣　李厚林　谭正则　主 编

人 民 体 育 出 版 社

编委会名单

主　编　李建臣（首都体育学院）

李厚林（首都体育学院）

谭正则（首都体育学院）

副主编　任　远　文世林　任　越　李欣鑫　肖欢欢

编　委（以姓氏笔划为序）

王　雷（江苏省常州市奔牛高级中学）

王丹彤（河北师范大学）

文晓叶（汕头市潮南区职业技术教育中心）

白广娜（北京市丰台区草桥小学）

朱　军（北京市朝阳区西直河小学）

李　灿（深圳市龙岗实验学校）

李文冰（成都文理学院）

李玲君（北京市东城区文汇小学）

李幸幸（浙江育英职业技术学院）

闫　娟（天津市静海区瀛海学校）

杜　鹏（北京市朝阳区第二实验小学）

庞　博（首都体育学院）
陈　强（济南市燕新中学）
杨　阳（北京市民族学校）
张腾宇（石家庄学院）
张晓萌（北京教育科学研究院旧宫实验小学）
张明慧（北京市第八中学）
梁　瑛（江苏大学）
何瑞华（首都体育学院）
姚雅美（天津市第五十五中学）
赵　梦（北京市朝阳区第十六中学）
常丽超（首都体育学院）
颜桂平（北京城市学院）

前 言

改革开放以来我国学校体育事业虽然取得了可喜的成效，但我国青少年的体能和体质健康状况仍然面临着严峻的挑战。因此增强青少年体质、促进青少年健康成长作为全民健身工程的工作重点，这不仅是国家高水平体能后备人才培养的基本保障，更是整体国民素质提高的关键。

为了全面提高青少年身体素质和专项体能水平，特借鉴国外先进的现代体能训练方法和手段——泡沫轴组合训练。泡沫滚轴已经广泛地应用于国外健身及康复领域，直到21世纪初才被引进到国内，并应用于竞技体育、学校体育和大众健身领域的身体各部位的深层放松及核心力量训练。泡沫轴组合训练主要应用于训练前的热身及运动后的放松，利用自身重量产生的压力放松紧张的肌肉达到自我修复的效果。

我们在掌握多学科理论知识的基础上结合多年来田径教学训练的工作经验和国内外体能培训学习的收获，精心设计了各种以泡沫轴为载体的练习方法和手段。本书针对不同锻炼目的将其训练分为泡沫轴牵拉训练、泡沫轴平衡和协调性训练、泡沫轴核心力量训练、泡沫轴再生训练和泡沫轴组合训练，并配以图片和指导视频，形象直观地呈现给广大读者。希望本书能给广大体育工作者和体育健身爱好者一定的指导与启发；也希望广大读者能够不断学习、不断创新、举一反三，根据具体情况灵活运用。

本书由李建臣、李厚林、谭正则和肖欢欢（洛阳职业技术学院）对全书进行了统一串编定稿，副主编任远（河北工程大学）、文世林、任越、李欣鑫协助撰稿，编委由张晓萌（北京市大兴区旧宫实验小学）、赵梦（北京市朝阳区第十六中学）、王丹彤（河北师范大学）、朱军（北京市朝阳区西直河小学）、白广娜（北京市丰台区草桥小学）、姚雅美（天津市第五十五中学）和首都体育学院部分研究生组成。由于水平有限，书中难免存在缺点和错误，热忱欢迎广大读者批评指正。

编　者

目 录

理论篇

泡沫轴组合训练概述

一、泡沫轴的起源与发展

泡沫轴又称“圆柱型滚筒”或“瑜伽柱”，起源于欧洲。早在 20 世纪 50 年代，已经作为康复训练工具，应用在医学康复领域中。早期由木质材料做成，之后被重量轻、硬度适中的泡沫材料所取代。它主要用于改善身体感知，提高平衡性、协调性、增加柔韧及力量。后来由于运动队中专职物理治疗师及运动按摩师人员短缺和经济条件的限制，泡沫轴才逐渐地被应用到运动员肌肉放松与恢复中。泡沫轴训练不仅可以放松肌筋膜，改善肌肉的柔韧性，同时还能强化核心肌群的力量，提高身体的控制力，有效地预防运动损伤。尽管泡沫轴在国外康复及健身领域已经得到广泛使用，但直到 21 世纪初引进到中国，近年来才被更多地应用到康复、健身、竞技体育、学校体育等各个领域，进行身体各部位的深层放松及核心力量训练。泡沫轴训练主要应用于训练前的热身及运动后的放松，利用自身的重量产生的压力放松紧张的肌肉达到自我修复的效果。

现代体能泡沫轴是由 PE、EVA 及 EPP 材质做成的圆柱形滚筒，一般分为圆柱形及半圆形两种规格，它的标准直径约为 15 厘米，长度有 92 厘米、46 厘米及 30 厘米三种规格。由于它具有重量轻、富有缓冲弹性及使用安全的特点，在训练过程中不受场地的限制。另外，泡沫轴训练在加强核心肌肉力量、提高身体灵活性和平衡性、延伸肌肉和肌腱、拆散软组织粘连、促进身体新陈代谢等方面发挥着重要作用。

二、泡沫轴训练的科学理论基础

（一）泡沫轴训练的神经—肌肉系统理论分析

泡沫轴放松训练是运用肌肉的自我抑制原理来进行放松的。当练习者利用自身体重使泡沫轴在肌肉上产生一定压力时，肌肉张力就会增加，肌腱因受到刺激而产生兴奋，冲动沿着感觉神经传入中枢，从而放射性地引起肌肉的舒张，进而达到放松肌肉的效果。经常进行泡沫轴训练，不仅能够使本体感受器的机能得到提高，而且还能增强肌肉运动的能力和发展动作时间判断的准确性。

（二）泡沫轴训练的生物力学的理论分析

泡沫轴训练过程中需要练习者保持躯干的稳定，这就需要人体强大的核心区域的稳定性做保障。从运动生物力学的角度分析，人体是一个相互联系的运动链条，核心区域肌肉力量对维持身体的稳定性及人体运动技术动作和力量的传递起着至关重要的作用。如果人体核心区域肌力及保持平衡的能力相对较弱，就可能降低整个人体的运动能力，甚至造成运动损伤。

（三）泡沫轴柔韧性训练的理论基础

身体柔韧素质的练习，不仅可以增加动作幅度，使动作更加优美、协调，而且能加大动作力量，减少受伤的可能性。它在很大程度上受关节活动幅度的制约，而关节的灵活性又取决于关节周围的具有较多弹性组织的肌肉和筋膜的伸展性。由于过度训练、运动后恢复措施的欠妥，以及运动损伤等都会引起肌肉黏连。如果肌肉长期处于持续收缩状态，就会缩短肌肉的长度，降低关节的活动范围，从而导致疲劳，增加运动损伤发生的可能性。另外，博蒙巴博士认为，伸展肌肉，特别是训练后伸展肌肉能加速恢复过程；训练期间和训练后，肌肉比其自然长度要短，训练结束后约两个小时肌肉才能恢复到自然长度，但通过伸展练习肌肉却能更快地回到自然长度。所以，在运动训练前的准备活动和训练后的放松部分，通过泡沫轴进行有效的拉伸可以减少肌肉酸痛和肌肉僵硬，降低肌肉的粘滞性，增强肌肉的弹性；同时可以伸展训练后缩短的肌肉，加速运动后的恢复。而且在消除肌肉紧张的同时还能有效地加强核心肌肉力量及身体的灵活性和平衡性。

三、泡沫轴训练的功能和作用

（一）泡沫轴训练可以作为有效的准备活动

准备活动作为运动训练的一个有机组成部分，对于保证运动训练质量和提高运动成绩有着不可忽视的作用。其目的是为了克服内脏器官生理惰性，缩短进入工作状态的时间和预防运动创伤。低强度的热身练习，可以提高人体神经肌肉的兴奋性，降低肌肉的黏滞性，为训练或比赛做好身体及心理的准备。泡沫轴训练法可以作为一般性的准备活动练习，通过放松深层肌肉群，降低因疲劳引起的酸痛感，从而促进血液循环，提高身体的新陈代谢率，增强神经肌肉的有效性及关节的活动幅度，同时还可以有效地减轻关节的压力。在热身过程中，能

够有效地提升身体温度，提高肌肉的伸展性、柔韧性和弹性，从而预防运动损伤的发生。同时，泡沫轴训练还包括一些核心力量的练习方法和手段，也可以结合专项特点进行专项准备活动练习，任何运动项目都必须具备强大的核心力量作支撑，这是提高运动成绩的关键。

（二）泡沫轴训练有助于加速身体运动后的恢复

当机体进行运动时，会导致身体机能下降，产生疲劳，通过采取有效的恢复措施，可以使身体的生理机能和能量储备恢复到原有水平或超过原有水平。如果不进行合理的恢复可能引起疲劳的加深，甚至导致发生运动损伤。与传统的运动性恢复手段相比，练习者通过利用自身重量与泡沫轴相互作用产生的压力，施加于练习者的肌肉及筋膜等软组织上，使过于紧张的肌肉及筋膜得到有效的放松。利用泡沫轴消除疲劳的同时，它在整个身体的协调运动、保持平衡稳定以及预防运动损伤方面起着重要的作用，还能有效地改善由身体疲劳造成的肌肉不平衡。

（三）泡沫轴训练法在运动训练过程中的康复功能

经研究证实，运动损伤的发生大多数情况下出现在人体运动链中最薄弱的环节。运动员由于后期比赛及训练的安排，仅通过自然康复是远远不够的，仍然需要进行合理的康复训练方法手段来促进损伤部位的康复和身体机能的提高。泡沫轴筋膜放松训练有助于分离由于运动损伤所产生的肌肉粘连，消除肌肉的紧张僵硬感，促进血液循环，用来辅助治疗或防止受伤。泡沫轴训练不仅可以避免因损伤引起的机体功能障碍，使身体机能达到最大限度地恢复，还可以加强核心肌肉及深层肌肉和小肌肉群的力量，提高身体的控制力、柔韧性和灵活性。同时，我们还可以利用泡沫轴进行辅助性的拉伸练习，增加肌肉的弹性，从而有效地促进机体恢复。

（四）泡沫轴训练在增强核心力量，提升身体的平衡性及协调性方面的功能

与传统的体能训练相比，泡沫轴训练是一种在不平衡状态下进行的抗阻练习，它使下背部与腹部的肌肉群在训练时同时做功，具有增强核心区域肌群，稳定躯体和传输能量的作用。在人体的整条运动链中，力量是基础，尤其是核心区域肌肉的力量的提升，有助于提高身体的控制力和协调性。反过来，运动员能否充分发挥力量水平，取决于身体的协调性及平衡在运动链中的协调配合能力。泡沫轴的组合练习要求在动态及非稳定状态下维持身体平衡，这就需要动用强大的核心肌群的力量保证练习的顺利完成。

（五）泡沫轴训练在发展青少年身体素质中的作用

目前我国青少年体质健康已经成为国家和社会关注的焦点问题，青少年体质下降的主要原因就是体能锻炼不足。要解决这个问题我们必须要增强青少年体育锻炼的意识，激发其体能锻炼的内驱动力，调动青少年群体参与体育锻炼的积极性与主动性。泡沫轴训练是一种发展练习者的身体形态、运动素质和身体机能的先进的、科学的训练方法手段，具有较强的趣味性、全面性、有效性，并且在使用过程中具有较强的可操作性，在达到热身与放松目的的同时，还能有效地增强身体的协

调性、灵活性和平衡性，使人们在轻松愉快的氛围中增强体质。因此，我们应该在了解发展身体素质的敏感期的基础上，利用泡沫轴对不同年龄阶段的青少年进行身体素质的训练。5～10岁的青少年，肌肉含水分多，蛋白质和无机盐少，肌纤维细，富有弹性，是柔韧素质训练的最佳时机，13岁以后柔韧素质的增长速度逐渐下降。青少年通过泡沫轴进行柔韧素质的练习，可有效地强化力量训练效果和促进疲劳恢复，并且还可以防止各种软组织拉伤和劳损，构成力量训练前后热身和整理活动的必要组成部分。

四、泡沫轴训练过程中的注意事项

（一）训练方法手段的多样性，延缓疲劳的产生

在准备活动过程中要根据不同的群体、专项、训练水平、年龄及季节温度的变化等确定运动内容和运动负荷，并且运动的强度不低于45%VO_{2max}，心率大约达到100～120次/分钟，运动时间必须维持在10分钟以上。同时，为了避免准备活动中运动损伤的发生，注意训练手段方法的多样性，因为长时间的单一刺激容易引起神经系统的疲劳，导致注意力下降。

（二）坚持循序渐进的训练原则

在进行泡沫轴训练的过程中坚持循序渐进的原则，从单个动作到复杂动作，强度、数量逐渐增加。对于初学者要选一些动作难度较小，并且遵循先静态放松逐渐过渡到动态放松，先放松大肌肉群再放松深层的小肌肉群，先躯干后四肢

的放松原则。

（三）在专业人员的指导下进行训练

在训练过程中要严格按照教练员的要求，以保证练习对神经系统的刺激强度，从而达到放松肌肉，加强身体灵活性、平衡性，增强关节活动范围的目的。

（四）注意安全

在使用泡沫轴进行放松前，建议一些患有骨折、运动损伤、骨质疏松等患者接收检查并向医生和治疗师进行咨询是否可以使用该器材进行辅助性的治疗。

此外，在练习过程中确保泡沫轴在软组织部位下，尽量不要直接放在骨头或关节下，保证训练的实效性。

还要定期使用肥皂或清水对泡沫轴进行清洗，禁止在阳光下长时间暴晒，以免损坏泡沫轴的结构，从而影响其功能。

实践篇

泡沫轴训练组合

一、泡沫轴牵拉训练

泡沫轴牵拉训练可以作为准备活动进行热身训练，牵拉的主要作用是降低肌肉的粘滞性，提高关节的运动幅度以及跨过关节的肌肉、肌腱、韧带等软组织的伸展性。练习者可以借助泡沫轴滚动的特性进行主动拉伸，能有效地控制肌肉伸展的幅度，防止肌肉过度地拉伸，避免运动损伤的发生。

1. 跪姿屈膝仰卧（图 1-1）

a

b

c

d

e

图 1–1

[**初始动作**] 跪立，将泡沫轴放在两腿之间。

[**动作方法**] 弯曲双膝跪地，臀部坐在泡沫轴前端。呼气时，身体后仰，让头部、肩膀、背部及臀部紧贴泡沫轴，双手自然放在身体的两侧或置于头部上方；吸气时还原。

[**强度设计**] 动作维持 10 ~ 15 秒，动作重复 2 ~ 3 组。

[**注意事项**] 注意膝盖不要抬离地面；建议膝盖或脚踝受伤者不要做此动作。

[**目标肌群**] 股直肌、股中间肌、股外侧肌、阔筋膜张肌、髂腰肌。

2. 俯卧屈膝牵伸（图 1–2）

a

b

c

图 1–2

［初始动作］坐姿，将泡沫轴置于体前。

［动作方法］右腿屈膝盘坐，左腿向后伸展；收紧腹部，挺直背部；手臂伸直，手腕放在泡沫轴上。呼气时，双手向前推动泡沫轴，带动身体向前倾；吸气还原。反之亦然。

［强度设计］动作维持 10 ~ 15 秒，动作重复 2 ~ 3 组。

［注意事项］注意不要弓背，膝关节有损伤者不建议做此动作。

［目标肌群］臀肌。

3. 坐姿分腿前伸（图 1–3）

a

b

c

d

e

图 1–3

[初始动作] 坐姿，将泡沫轴置于体前。

[动作方法] 双腿向两侧打开，双手放于泡沫轴上。呼气时，手推泡沫轴向前滚动，在大腿内侧有拉伸感的位置停留；吸气时还原。

[强度设计] 动作维持 10 ~ 15 秒，动作重复 2 ~ 3 组。

[注意事项] 注意不要弓背；双腿始终保持收紧伸直状态；避免过度拉伸。

[目标肌群] 大收肌、股薄肌、耻骨肌、长收肌、短收肌、半腱肌、半膜肌。

变换姿势

难度降低： 一侧腿膝屈盘坐，另一侧腿向外打开，手推动泡沫轴向前滚动。

4. 跪立体前手臂推拉滚轴（图 1–4）

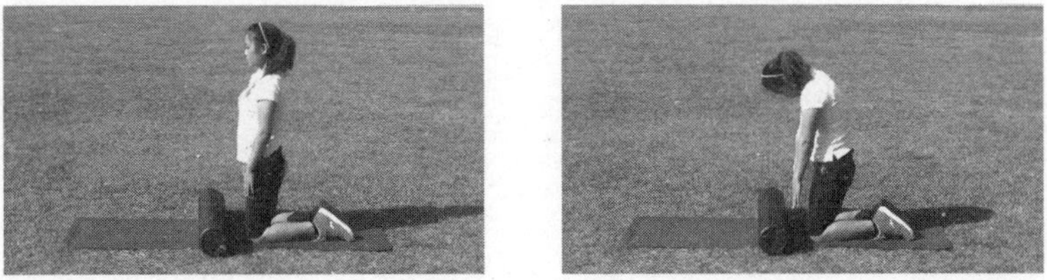

a　　　　b

c

d

e

图 1–4

［初始动作］跪立，将泡沫轴横放于体前。

［动作方法］屈膝跪立，双手置于体侧。呼气时，低头拱背向下，双手推动泡沫轴向前滚动；吸气时还原。

［强度设计］动作维持 10～15 秒，动作重复 2～3 组。

［注意事项］注意收腹；膝关节受伤者可以在膝盖下方垫上毛毯。

［目标肌群］竖脊肌、夹肌、背短肌。

5. 俯卧肩上抬（图 1–5）

a

b

c

图 1–5

[初始动作] 俯卧，前臂置于横放在地面的泡沫轴上。

[动作方法] 双臂向前伸直，打开与肩同宽；双腿向后伸展，打开与肩同宽；髋关节接触地面。吸气时，手臂带动泡沫轴向后滚动，同时肩膀向上抬起；呼气时还原。

[强度设计] 动作维持 10 ~ 15 秒，动作重复 2 ~ 3 组。

[注意事项] 逐渐增加动作拉伸幅度，放松下半身。

[目标肌群] 肩袖肌群、背部肌群。

6. 坐姿前屈弓背（图 1–6）

a　b　c　d

e

图 1–6

［初始动作］坐姿，将泡沫轴置于臀部下方。

［动作方法］双腿并拢向前伸展；立直腰背，手臂自然放于体侧；双手抓握腘窝处。呼气时，躯干向前下方折叠，头顶尽量贴靠膝盖；吸气时还原。

［强度设计］动作维持 10 ~ 15 秒，动作重复 2 ~ 3 组。

［注意事项］注意不要屈膝。

［目标肌群］竖脊肌、夹肌、背短肌。

7. 仰卧背滚（图 1–7）

a

b

c

图 1–7

［初始动作］ 直立，双手持泡沫轴两端置于头顶。

［动作方法］ 呼气时，屈膝下蹲，同时身体向后倒，头肩上背部完全接触地面，随着身体惯性继续向后，直到双脚置于头顶上方，伸直双腿；吸气时还原。

［强度设计］ 动作维持 10 ~ 15 秒，动作重复 2 ~ 3 组。

［注意事项］ 注意不要屈膝。

［目标肌群］ 竖脊肌、夹肌、背短肌。

8. 跪立体侧单腿推拉滚轴（图 1–8）

a

b

c

图 1–8

［初始动作］ 跪立，将泡沫轴横放于身体右侧。

［动作方法］ 屈膝跪立，右腿向右侧伸展，将泡沫轴置于右侧小腿脚踝的位置；双手叉腰。呼气时，上半身不动，右腿用力带动泡沫轴向右侧滑动至靠近膝关节的位置；吸气时还原。反之亦然。

［强度设计］动作维持 10 ~ 15 秒，动作重复 2 ~ 3 组。

［注意事项］注意收腹，保持身体的稳定。

［目标肌群］股内侧肌、大收肌。

9. 坐姿腰部侧弯斜前伸（图 1–9）

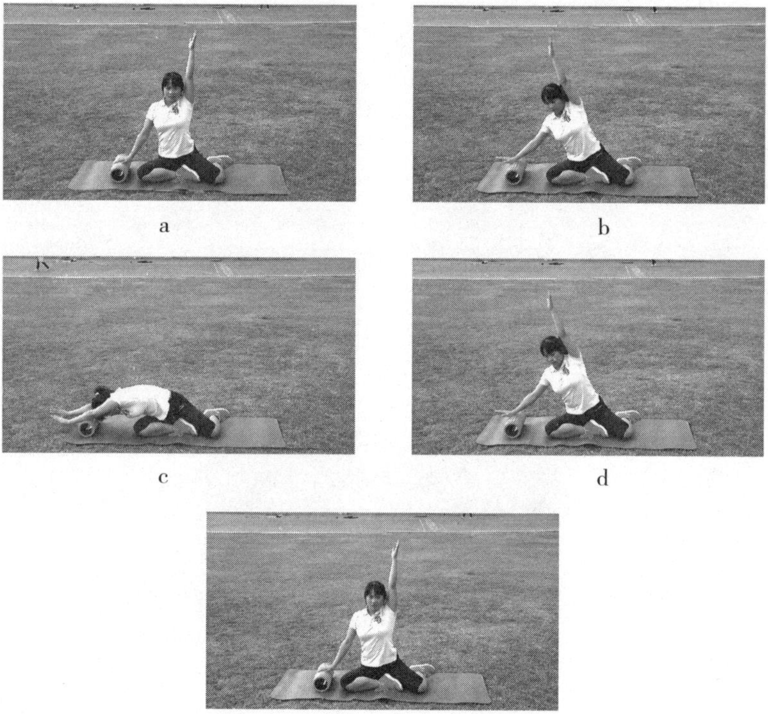
a b c d e

图 1–9

［初始动作］坐姿，将泡沫轴置于身体右侧。

［动作方法］左腿膝屈向外打开，右腿膝屈盘坐；右手放在泡沫轴上，掌心向前；左手伸直置于左肩上方，掌心向内。

呼气时，右手推动泡沫轴向右侧慢慢滚动，带动身体向右侧弯；吸气时还原。再次呼气时，右手与左手同时放在泡沫轴上向右侧滚动；吸气时还原。反之亦然。

[强度设计] 动作维持 10 ~ 15 秒，动作重复 2 ~ 3 组。

[注意事项] 注意身体重心的移动，臀部不要离地。

[目标肌群] 腰方肌、肋间肌。

10. 坐姿腰部扭转（图 1–10）

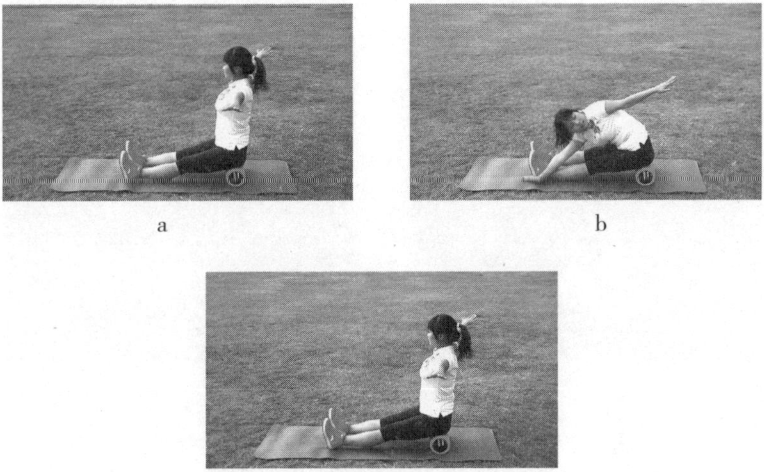

a b

c

图 1–10

[初始动作] 坐姿，将泡沫轴放在臀部下方的位置。

[动作方法] 双腿打开与肩同宽，双臂侧平举，掌心向下。呼气时，身体向左后方扭转，右手掌心向外置于左膝外侧，左手臂顺势向左后方伸展。再次呼气时身体俯身向斜前方，延展身体；吸气时还原。然后进行反方向的练习。

［强度设计］动作维持 10～15 秒，动作重复 2～3 组。

［注意事项］注意伸直双腿，保持双脚在一条直线上。

［目标肌群］腹外斜肌、腹内斜肌、背阔肌、大腿后群肌、腓肠肌、比目鱼肌。

11. 坐姿体前屈（图 1-11）

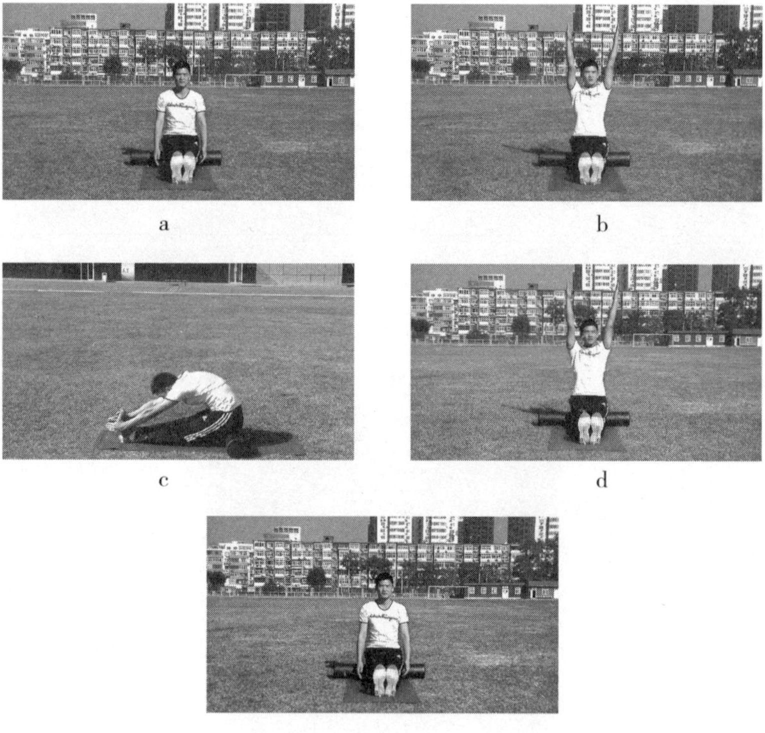

图 1-11

［初始动作］坐姿，将泡沫轴置于臀部下方的位置。

［动作方法］双腿并拢向前伸展；立直腰背，手臂上举。

呼气时，躯干向前下方弯曲，双手尽量抓握脚踝或前脚掌；吸气时还原。

[强度设计] 动作维持 10 ~ 15 秒，动作重复 2 ~ 3 组。

[注意事项] 注意不要屈膝弓背。

[目标肌群] 股二头肌、半腱肌、半膜肌、腓肠肌、比目鱼肌。

12. 坐姿体前屈（图 1–12）

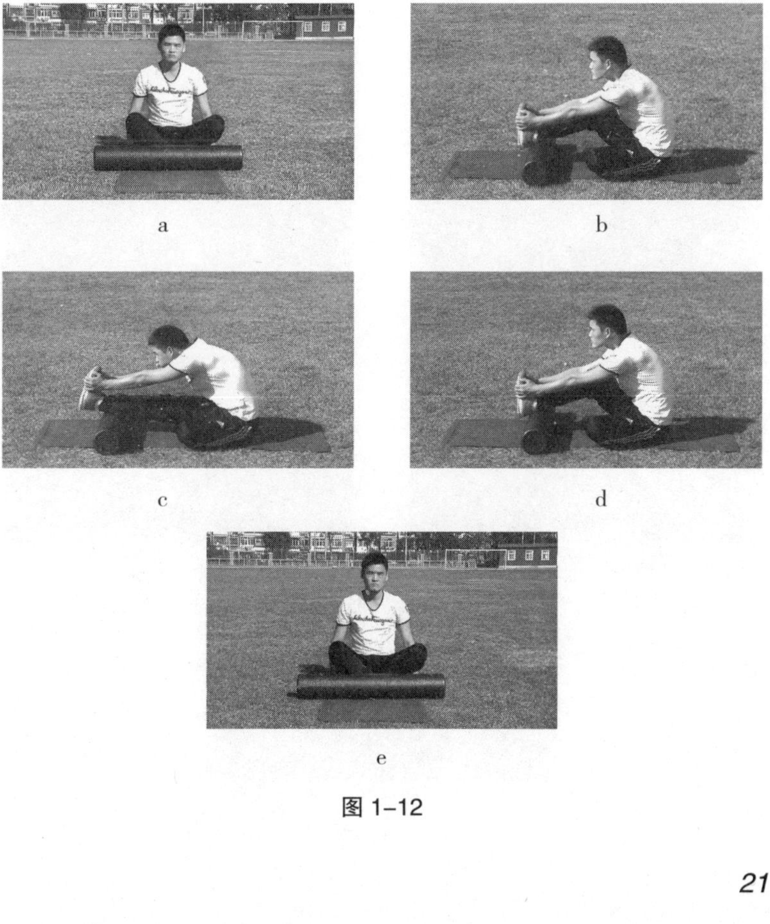

a　b　c　d　e

图 1–12

[**初始动作**] 双腿盘坐，将泡沫轴置于体前。

[**动作方法**] 立直腰背，手臂自然放于体侧；左腿保持不动，右腿抬起膝屈贴近胸部，同时脚跟踩在泡沫轴上，双手抱住右脚尖。呼气时，右膝伸直，使泡沫轴缓慢向前滚动，带动身体前倾；吸气时还原。反之亦然。

[**强度设计**] 动作维持 10 ~ 15 秒，动作重复 2 ~ 3 组。

[**注意事项**] 注意不要屈膝弓背。

[**目标肌群**] 半腱肌、半膜肌、股二头肌长头、股二头肌短头。

13. 跪立后仰（图 1–13）

a

b

c

d

e

图 1–13

［初始动作］跪立，将泡沫轴放在双脚脚踝下方的位置。

［动作方法］臀部坐在脚跟上，手臂置于体侧。呼气时，身体向后仰，双手落于泡沫轴的后侧，满掌落地或指尖触地，仰头向后；吸气时还原。

［强度设计］动作维持 10 ~ 15 秒，动作重复 2 ~ 3 组。

［注意事项］双膝不要抬离地面，建议膝关节、脚踝有伤者不要做此动作。

［目标肌群］股四头肌、阔筋膜张肌、缝匠肌。

14. 俯卧倒“V”　（图 1–14）

a

b

c

d

e

图 1–14

[初始动作] 俯卧，双手置于横放在地面的泡沫轴上。

[动作方法] 双臂伸直打开与肩同宽；双腿伸直打开与肩同宽，前脚掌支撑。吸气时，臀部向上抬，身体形成倒“V”形；呼气时还原。

[强度设计] 动作维持 10 ~ 15 秒，动作重复 2 ~ 3 组。

[注意事项] 注意伸直双腿，手臂与背部成一条斜线。

[目标肌群] 腘绳肌、肩袖肌群、背部肌群。

15. 俯卧后仰（图 1–15）

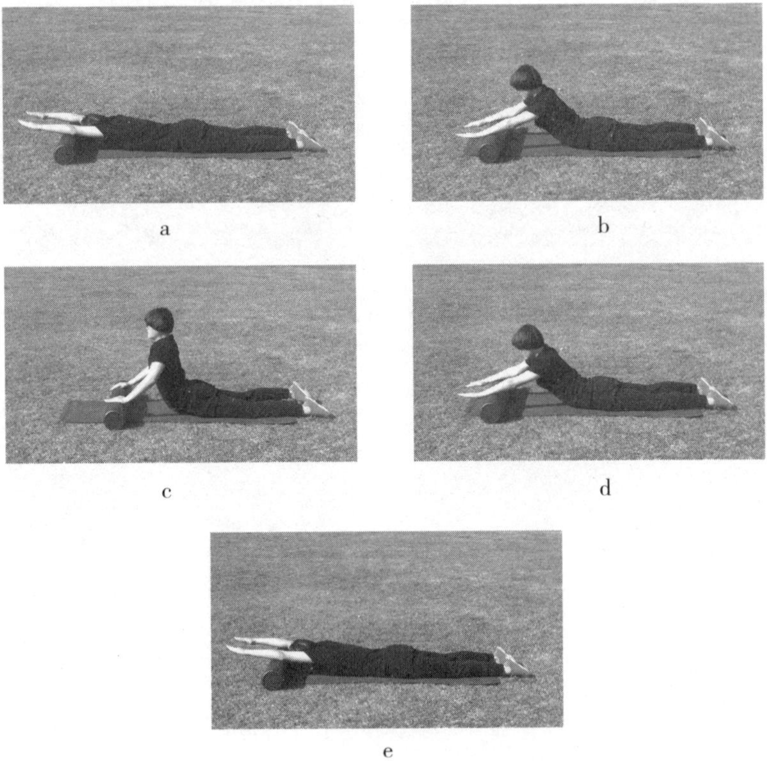

图 1–15

[**初始动作**] 俯卧，将泡沫轴横放于头部前方的位置。

[**动作方法**] 前臂置于泡沫轴上，打开与肩同宽，掌心向下；双腿打开与髋同宽。吸气时，抬起上半身，手臂用力带动泡沫轴向腹部方向滚动，在腹部有拉伸感的位置停留，手肘微屈；呼气时还原。

[**强度设计**] 动作维持 10 ~ 15 秒，动作重复 2 ~ 3 组。

[**注意事项**] 注意夹紧臀部，以减少对腰椎的压力；不要耸肩，肩膀远离耳朵。

[**目标肌群**] 腹直肌、腹内侧肌、腹外侧肌、竖脊肌、背阔肌。

变换姿势

难度降低：增加手臂及腿部的间距，降低动作难度。

16. 仰卧抬臂（图 1–16）

a

b

c

d

e

图 1–16

[初始动作] 仰卧，臀部和上半身躺在泡沫轴上。

[动作方法] 双腿屈膝，双脚支撑地面，手臂伸直向上置于胸部上方，同时打开与肩同宽，掌心相对。吸气时，手臂向上抬，保持上背部始终贴靠在泡沫轴上；呼气时，肩膀向下沉。

[强度设计] 动作维持 10～15 秒，动作重复 2～3 组。

[注意事项] 注意收紧腹部核心肌群，维持身体稳定。

[目标肌群] 岗上肌、岗下肌、小圆肌、肩胛下肌。

17. 直立前屈腿拉伸（图 1–17）

a

b

c

d

e

图 1-17

［初始动作］直立，将泡沫轴横放于体前。

［动作方法］右腿支撑，左脚前脚掌踩在泡沫轴上，脚跟触地；躯干俯身向下；双手放在泡沫轴的两端。呼气时，双手用力前推，使泡沫轴向前滚动；吸气时还原。反之亦然。

［强度设计］动作维持 10 ~ 15 秒，动作重复 2 ~ 3 组。

［注意事项］注意要双腿伸直，不要屈膝。

［目标肌群］股二头肌、半腱肌、半膜肌、腓肠肌、比目鱼肌。

18. 直立对墙轴上滚（图 1-18）

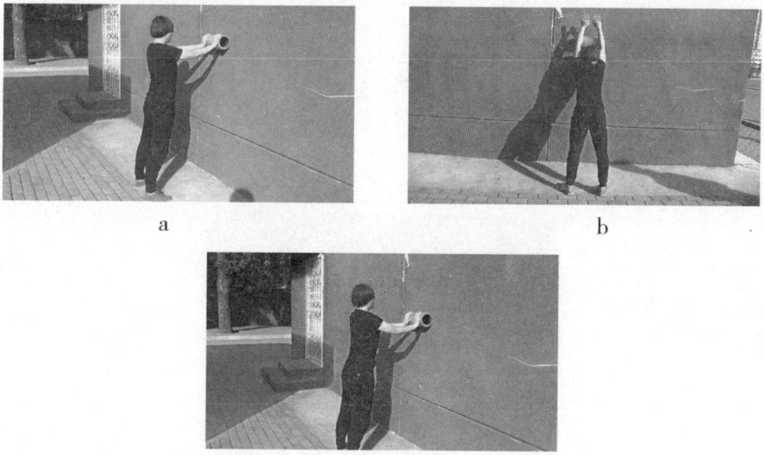

a　　b

c

图 1-18

[初始动作] 面对墙站立，双手按压泡沫轴横放于墙上。

[动作方法] 双腿和双臂打开与肩同宽；拇指向内，其余四指向上。呼气时，手臂推泡沫轴向上滚动；吸气时还原。

[强度设计] 动作维持 10 ~ 15 秒，动作重复 2 ~ 3 组。

[注意事项] 注意收腹，保持身体的稳定。

[目标肌群] 肱三头肌、背阔肌、肩胛下肌、小圆肌。

19. 仰卧屈膝牵伸（图 1–19）

a

b

c

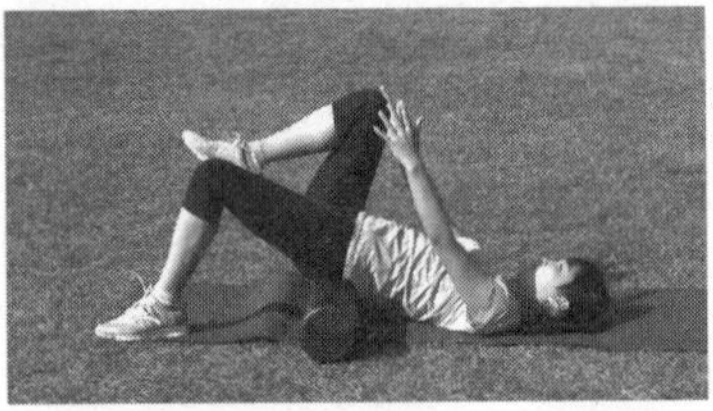

d

e

图 1–19

[**初始动作**] 仰卧，将泡沫轴放在臀部下方的位置。

[**动作方法**] 双腿屈膝，双脚支撑地面；双手置于体侧。吸气时，屈右膝上抬，同时双臂环抱小腿胫骨前侧；呼气时还原。反之亦然。

[**强度设计**] 动作维持 15 ~ 20 秒，动作重复 2 ~ 3 组。

[**注意事项**] 注意上背部、头部完全放松。

[**目标肌群**] 臀大肌。

20. 仰卧展臂（图 1–20）

a

b

c

d

e

图 1–20

[初始动作] 仰卧，平躺在泡沫轴上。

[动作方法] 臀部和上半身躺在泡沫轴上；双腿屈膝，双脚支撑地面；手臂置于体侧，掌心向下。吸气时，手臂伸直向上举，置于胸部上方，掌心相对；呼气时，双臂慢慢向两侧打开；之后手臂沿水平面画弧置于头顶上方。然后还原重复下一组练习。

[强度设计] 动作维持 10 ~ 15 秒，动作重复 2 ~ 3 组。

[注意事项] 练习时保持肩部下沉，收腹。

[目标肌群] 胸大肌、胸小肌、前锯肌、肋间肌、肱二头肌。

21. 跪立前臂牵拉（图 1-21）

a b c d e

图 1-21

［**初始动作**］跪立，将泡沫轴横放于体前。

［**动作方法**］双腿打开与肩同宽，收腹挺背，俯身向前，伸直双臂支撑在泡沫轴上，大拇指向外，其余四指并拢指向脚尖方向。呼气时，保持双手位置不动，身体前倾，使泡沫轴缓慢向前滚动；吸气时还原。

［**强度设计**］动作维持 10～15 秒，动作重复 2～3 组。

［**注意事项**］腕关节有伤的练习者不建议做此动作。

［**目标肌群**］尺侧腕屈肌、桡侧腕屈肌、指深屈肌。

22. 跪坐前伸（图 1–22）

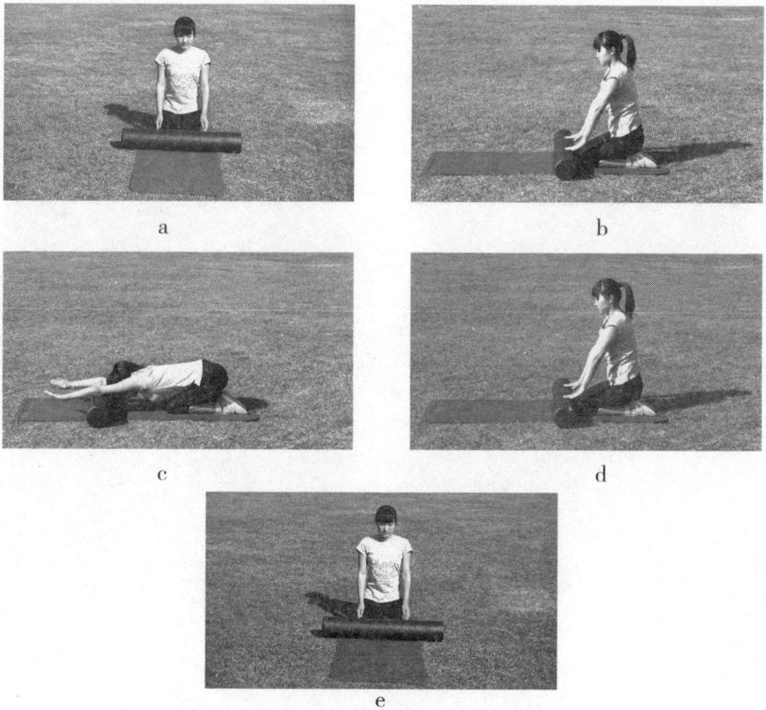

图 1–22

［初始动作］跪姿，将泡沫轴横放于体前。

［动作方法］双膝并拢，臀部坐在脚后跟上，立直上半身；手臂前伸，双手掌心向下放在泡沫轴上。呼气时，手臂推动泡沫轴向前滚动，在到达自己的极限范围内停留；吸气时还原。

［强度设计］动作维持 10 ~ 15 秒，动作重复 2 ~ 3 组。

［注意事项］臀部不要抬起，腹部尽量贴靠大腿，眼睛平视。

［目标肌群］岗上肌、岗下肌、小圆肌、肩胛下肌、臀大肌、胸大肌。

23. 跪立前伸（图 1-23）

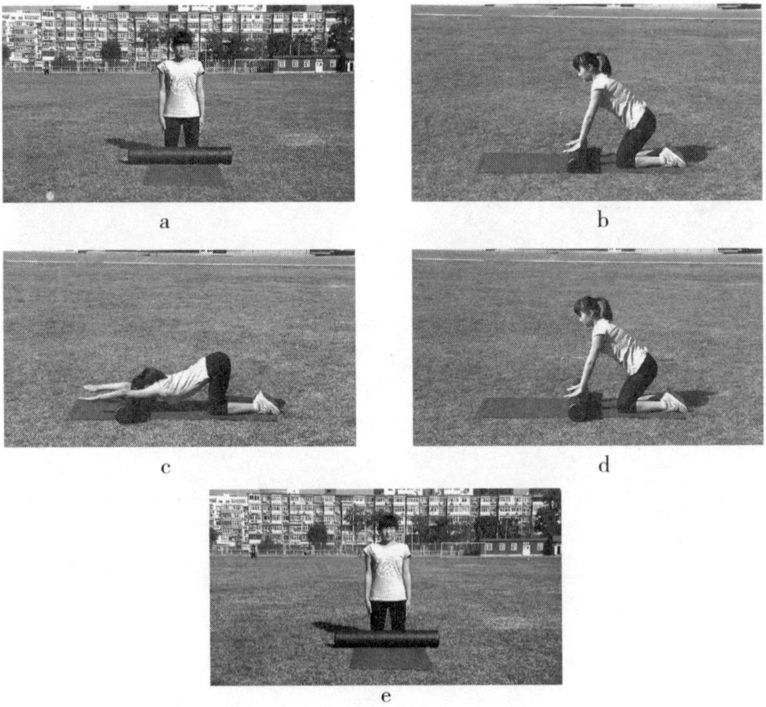

图 1-23

[初始动作] 跪姿，将泡沫轴横放于体前。

[动作方法] 跪立，双腿打开，与肩同宽，大腿与小腿成90°，双手撑在泡沫轴上。呼气时，手臂推泡沫轴向前，到达极限位置后，胸部向下沉，眼睛平视前方；吸气时还原。

[强度设计] 动作维持 10 ~ 15 秒，动作重复 2 ~ 3 组。

[注意事项] 注意脚背不要抬离地面，保持小腿与大腿成90°夹角。

[目标肌群] 肱三头肌、岗上肌、岗下肌、小圆肌、肩胛下肌、胸大肌。

二、泡沫轴平衡性和协调性训练

平衡性和协调性在一定程度上影响了运动员完成动作的准确性、合理性、稳定性和快速性。研究表明，人体的平衡性和协调性受遗传因素的影响，但通过后天长期的有针对性的训练能够得以发展和提高。泡沫轴是一种新的体能训练器械，由于其本身呈圆柱形，具有不稳定的性质，通过利用泡沫轴使身体的任何一个部位置于泡沫轴上作为支点做一些练习，可有效地提高练习者神经、肌肉、感知觉能力，提高运动水平。

1. 平衡站立　(图 2-1)

[初始动作] 直立，将泡沫轴置于体前。

[动作方法] 双脚依次站在泡沫轴上，双腿打开与髋同宽；手臂置于体侧，维持身体的动态平衡。

图 2-1

[强度设计] 动作维持 10 ~ 15 秒，动作重复 2 ~ 3 组。

[注意事项] 收缩腹部，始终保持脊椎自然中立位；初学者可先找他人辅助或扶住墙面在墙边上进行练习，谨防摔倒。

[目标肌群] 腹直肌、腹内斜肌、腹外斜肌、竖脊肌、股直肌、股二头肌。

变换姿势

[难度降低] 双脚站在半圆轴上，保持身体的稳定。

[难度增强] 闭眼练习（可先在半圆轴上练习）。

2. 轴上左右移动（图 2-2）

a

b

c

d

e

图 2-2

[初始动作] 直立，将泡沫轴置于体前。

[动作方法] 双脚依次站在泡沫轴上，手臂置于体侧，保持身体的稳定，双脚站在泡沫轴上左右地移动。

[强度设计] 动作维持 10～15 秒，动作重复 2～3 组。

[注意事项] 收紧腹部核心肌群力量，始终保持脊椎自然中立位；初学者可先找他人辅助或扶住墙面在墙边上进行练习，谨防摔倒。

[目标肌群] 腹直肌、腹内斜肌、腹外斜肌、竖脊肌、股直肌、股二头肌。

3. 轴上前后移动（图 2-3）

a

b

c

d

e

图 2–3

［初始动作］直立，将泡沫轴置于体前。

［动作方法］双脚依次站在泡沫轴上，手臂置于体侧，保持身体的稳定，双脚站在泡沫轴上向前移动一段距离后，再向后移动泡沫轴。

［强度设计］动作维持 10 ~ 15 秒，动作重复 2 ~ 3 组。

［注意事项］收腹，维持身体的稳定；初学者可先请他人辅助或扶住墙面在墙边上进行练习，谨防摔倒。

［目标肌群］腹直肌、腹内斜肌、腹外斜肌、竖脊肌、股直肌、股二头肌。

4. 屈膝下蹲（图 2–4）

a

b

c

图 2–4

[初始动作] 直立，将泡沫轴置于体前。

[动作方法] 双脚依次站在泡沫轴上，打开与髋同宽。手臂前平举。呼气屈膝下蹲，大小腿尽量折叠 90°，然后伸直膝盖呈站立姿势，吸气时还原。

[强度设计] 动作维持 10 ~ 15 秒，动作重复 2 ~ 3 组。

[注意事项] 屈膝下蹲时，注意膝盖不要超过脚尖，防止膝关节受伤。

[目标肌群] 股四头肌、臀大肌、股二头肌、半腱肌、半膜肌、竖脊肌、梨状肌、大收肌。

5. 单腿屈膝下蹲（图 2–5–1）

a

b

c

d

e

图 2-5-1

[初始动作] 直立，将泡沫轴置于体侧。

[动作方法] 泡沫轴横放于地面，站在泡沫轴侧面，双臂自然放于身体两侧，抬头挺胸。右腿站在泡沫轴上，左腿自然抬离地面，维持身体稳定。弯曲右腿下蹲，同时弯曲左腿，左小腿缠绕右腿上方，双臂前平举。然后换另一侧练习。

[强度设计] 动作维持 10～15 秒，动作重复 2～3 组。

[注意事项] 支撑腿内外侧肌肉均衡用力，以维持身体稳定性；初学者建议扶墙或固定物体练习，注意安全。

[目标肌群] 三角肌、斜方肌、棘下肌、菱形肌、竖脊肌、腰方肌、臀大肌、缝匠肌、股薄肌、腓肠肌、胫骨前肌和比目鱼肌。

6. 单腿屈膝下蹲（图 2-5-2）

[初始动作] 直立，将泡沫轴置于体后，两者间隔大约两个肩宽的距离。

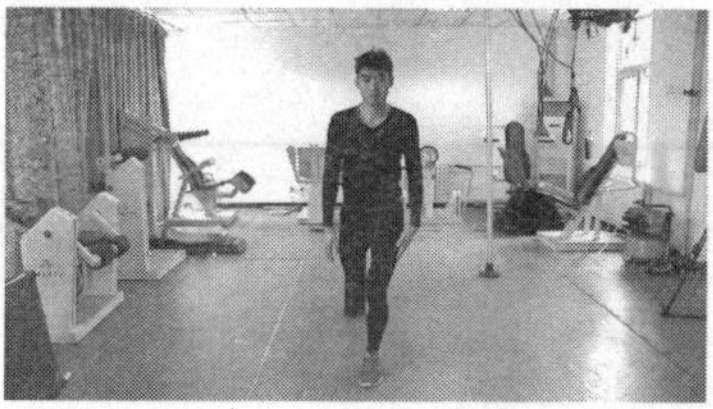
a

b

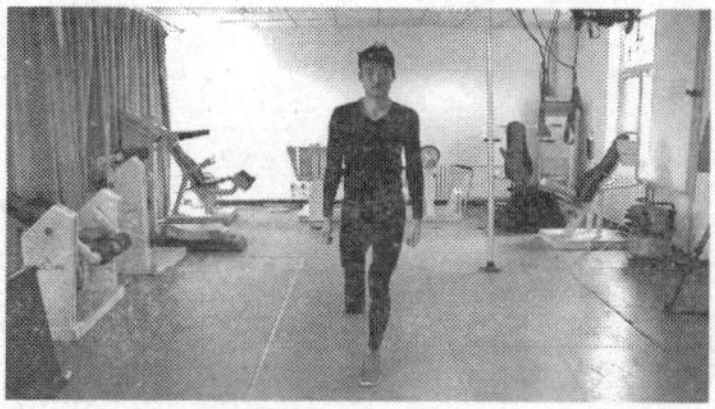
c

图 2-5-2

[动作方法] 泡沫轴与地面垂直放置，双脚并拢，双臂置于体侧，挺胸抬头。呼气时，双腿微微屈膝下蹲，同时一条腿向后迈置于泡沫轴顶端，弯曲膝关节，使身体向前倾斜；双手前平举。身体稳定后，将上体调整至与地面垂直的状态；吸气时还原。反之亦然。

[强度设计] 动作维持 10 ~ 15 秒，动作重复 2 ~ 3 组。

[注意事项] 调整头部，使其恰好位于臀部正上方；膝关节不要超过脚尖；避免臀部及躯干部位任何的转动。

[目标肌群] 肩胛提肌、斜方肌、棘下肌、菱形肌、大圆肌、竖脊肌、腰方肌、臀大肌、半腱肌、半膜肌、缝匠肌、股二头肌、股薄肌、腓肠肌、胫骨前肌和比目鱼肌。

7. 单腿站立（图 2-6-1）

[初始动作] 直立，将泡沫轴置于体前。

a

b

c

d

e

图 2-6-1

[动作方法] 泡沫轴横放于地面，双脚站立在泡沫轴上，双臂自然放于身体两侧，抬头挺胸。吸气时屈膝抬右腿依次向前、后及右侧摆动，同时配合手臂；呼气时还原。然后换左侧练习。

[强度设计] 动作维持 10 ~ 15 秒，动作重复 2 ~ 3 组。

[注意事项] 支撑腿内外侧肌肉均衡用力，以维持身体稳定性；注意收腹，夹紧臀部肌肉。

[目标肌群] 竖脊肌、股直肌、阔筋膜张肌、股外侧肌、大收肌、股二头肌、臀大肌。

8. 单腿站立（图 2-6-2）

a

b

c

图 2-6-2

[初始动作] 直立，将泡沫轴置于体前。

[动作方法] 双脚依次站在横放于地面上的泡沫轴上，双臂自然放于身体两侧，抬头挺胸。吸气时屈膝左腿上抬，双臂环抱小腿胫骨前侧，大腿尽量靠近胸部；呼气时还原。换另一侧进行练习。

[强度设计] 动作维持 10 ~ 15 秒，动作重复 2 ~ 3 组。

[注意事项] 收缩腹部，始终保持脊椎自然中立位；支撑腿内外侧肌肉均衡用力，以维持身体稳定性。

[目标肌群] 腹直肌、腹内斜肌、腹外斜肌、竖脊肌、股直肌、股二头肌。

变换姿势

[难度增强] 抬离泡沫轴的那条腿向前伸展，同时用同侧手抓握。

9. 单腿站立（图 2-6-3）

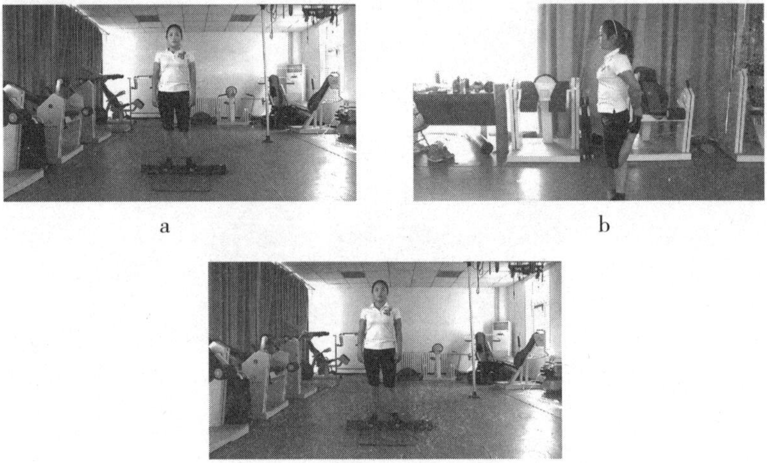

a b c

图 2-6-3

[初始动作] 直立，将泡沫轴置于体前。

[动作方法] 双脚站立在泡沫轴上，双臂自然放于身体两侧，抬头挺胸。吸气时屈膝抬左腿向后，同时双手在背后抓握脚踝，努力将抬起的脚后跟靠近臀部；呼气时还原。然后换右侧练习。

[强度设计] 动作维持 10～15 秒，动作重复 2～3 组。

[注意事项] 支撑腿内外侧肌肉均衡用力，以维持身体稳定性；注意收腹，夹紧臀部肌肉。

［目标肌群］竖脊肌、股直肌、大收肌、股二头肌。

10. 平衡跪坐（图 2–7）

a

b

c

图 2–7

［初始动作］跪立在横放于地面的泡沫轴上。

［动作方法］双腿打开与髋同宽或略宽于髋，双脚抬离地面，将肩、臀、膝保持在一条中轴线上，双臂自然置于体侧。吸气时，手臂侧平举，呼气时还原到初始位置。

［强度设计］动作维持 10 ~ 15 秒，动作重复 2 ~ 3 组。

［注意事项］在运动过程中，注意在不稳定状态下维持身体稳定。

［目标肌群］臀大肌、臀中肌、臀小肌、比目鱼肌、腓肠肌。

11. 平衡跪坐转体（图 2-8）

a

b

c

d

e

f

图 2-8

［**初始动作**］跪立在横放于地面的泡沫轴上。

［**动作方法**］双腿打开与髋同宽或略宽于髋，双脚抬离地面，将肩、臀、膝保持在一条中轴线上，双臂自然置于体侧。吸气时，手臂侧平举，呼气时慢慢向一侧转体，慢慢地还原，然后做反方向扭转。

［**强度设计**］动作维持 10 ~ 15 秒，动作重复 2 ~ 3 组。

[注意事项] 在运动过程中，注意在不稳定状态下维持身体稳定。

[目标肌群] 臀大肌、臀中肌、臀小肌、腰方肌、竖脊肌、髂腰肌、腰大肌、腰小肌。

12. 三角支撑单腿抬（图 2–9）

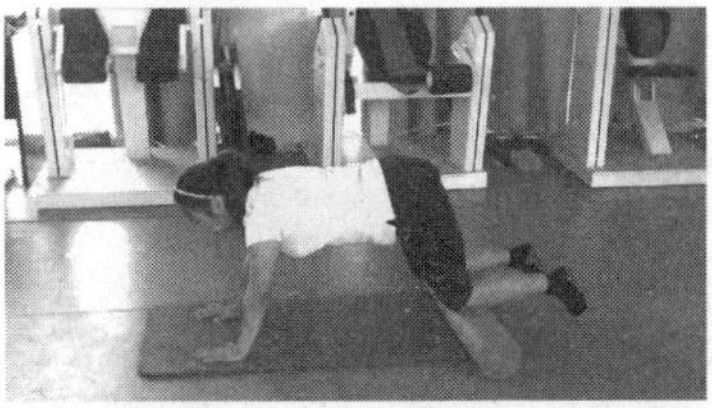

a

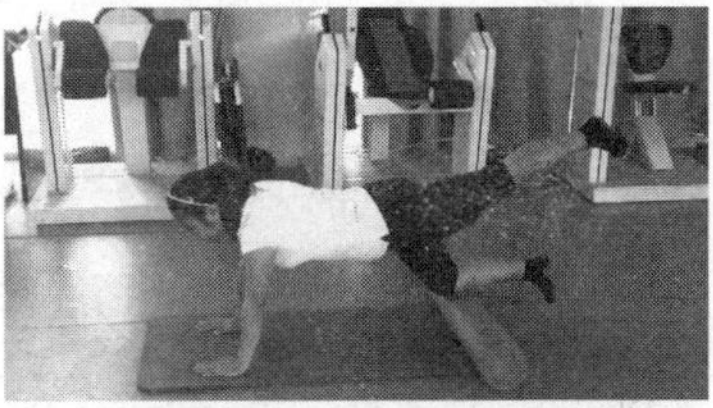

b

c

d

e

图 2–9

[初始动作] 俯卧跪姿，将泡沫轴放在膝关节的位置。

[动作方法] 身体向前俯身，屈臂支撑于肩膀下方。吸气抬头，同时左腿向后上方伸展，右脚抬离地面；呼气时抬起腿

在身体保持稳定的状态下上下摆动。然后在另一侧重复上述完整动作。

[强度设计] 动作维持 10 ~ 15 秒，动作重复 2 ~ 3 组。

[注意事项] 注意尽量避免骨盆的转动，收腹维持身体稳定。

[目标肌群] 臀肌、竖脊肌、大收肌、股四头肌、股二头肌、腹内斜肌、腹横肌、腹直肌。

13. 俯卧对侧腿臂支撑（图 2-10-1）

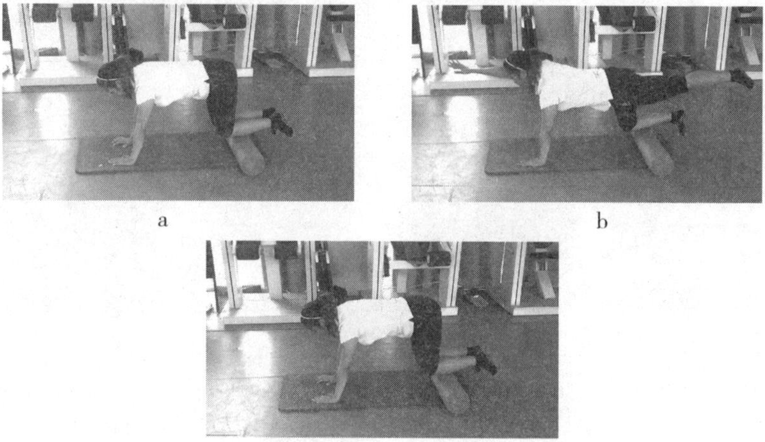

a b c

图 2-10-1

[初始动作] 俯卧跪姿，将泡沫轴放在小腿胫骨前侧靠近膝关节的位置。

[动作方法] 双手臂支撑于地面，打开与肩同宽，且肩膀位于手腕正上方；双脚远离地面。吸气时抬头，同时慢慢抬起右手臂和左腿直至与地面平行，且成一条直线；呼气时还原。然后在另一侧重复上述完整动作。

[**强度设计**] 动作维持 10 ~ 15 秒，动作重复 2 ~ 3 组。

[**注意事项**] 注意尽量避免骨盆的转动，始终保持身体成一条直线。

[**目标肌群**] 腹内斜肌、腹横肌、腹直肌、臀中肌、大收肌、股二头肌。

变换姿势

[**难度增强**] 在上述动作的基础上弯曲伸展的手臂和腿部，让手肘、膝盖在腹部下方相碰，然后慢慢还原。

14. 俯卧对侧腿臂支撑（图 2-10-2）

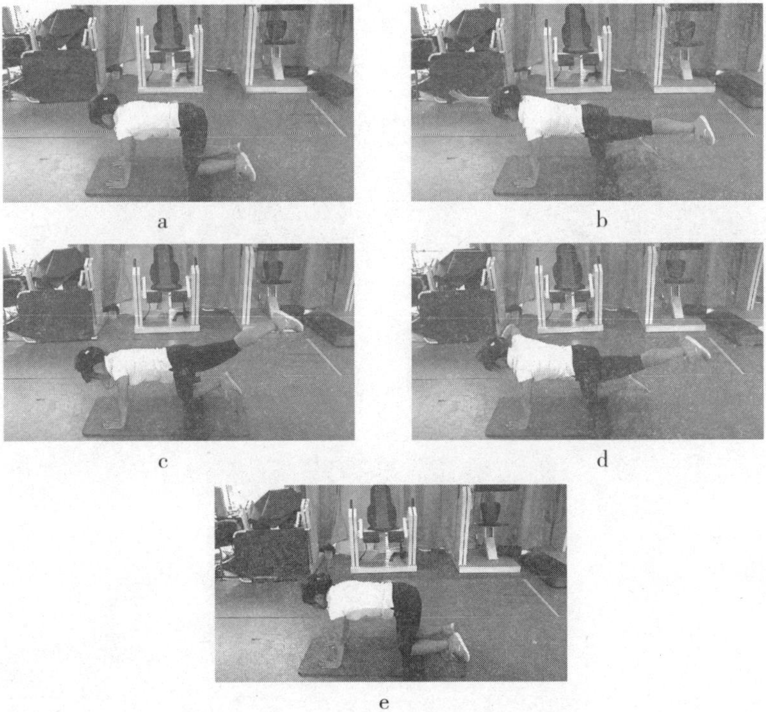

图 2-10-2

［初始动作］俯卧跪姿，将泡沫轴放在小腿胫骨前侧靠近膝关节的位置。

［动作方法］双手臂支撑于地面，打开与肩同宽，且肩膀位于手腕正上方；双脚远离地面。吸气时抬头，同时慢慢抬起右手臂和左腿，且成一条直线。然后弯曲右臂，右手掌心向下置于耳后。再次吸气时手肘向上抬起，打开胸腔；呼气时手肘向左臂方向靠拢。然后在另一侧重复上述完整动作。

［强度设计］动作维持 10 ~ 15 秒，动作重复 2 ~ 3 组。

［注意事项］注意尽量避免骨盆的转动，始终保持身体成一条直线。

［目标肌群］腹内斜肌、腹横肌、腹直肌、腹内斜肌、腹外斜肌、臀中肌、大收肌、股二头肌。

15. 俯卧同侧腿臂支撑（图 2-11）

a

b

c

图 2-11

［初始动作］ 俯卧跪姿，右手右脚按压放在地面上的泡沫轴。

［动作方法］ 左手臂支撑于地面，打开与肩同宽，且肩膀位于手腕正上方；左脚远离地面。吸气时抬头，同时慢慢抬起左手臂和左腿直至与地面平行；呼气时还原。然后在另一侧重复上述完整动作。

［强度设计］ 动作维持 10～15 秒，动作重复 2～3 组。

［注意事项］ 注意尽量避免骨盆的转动，始终保持身体成一条直线。

［目标肌群］ 腹内斜肌、腹横肌、腹直肌、腹内斜肌、腹外斜肌、臀中肌、大收肌、股二头肌。

16. 同侧手脚侧支撑（图 2-12-1）

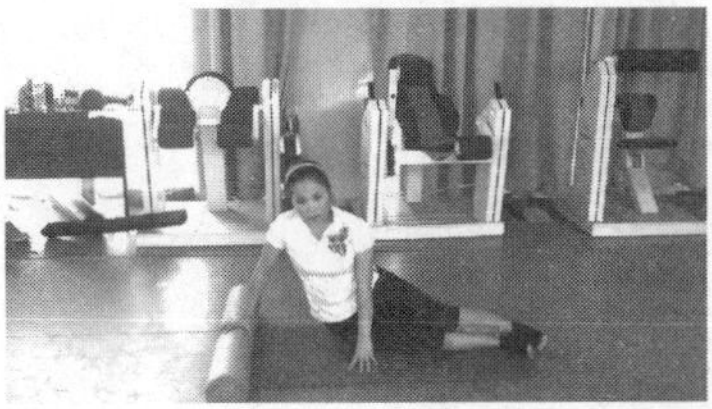

a

b

c

图 2-12-1

［初始动作］侧卧，右手按压横放于地面的泡沫轴。

［动作方法］弯曲右臂，手指向外；左手放在胸前支撑；双脚并叠，一只脚恰好在另一只脚的上方，利用下方鞋子的边缘保持平衡。吸气时支撑腿和手臂用力，伸直右臂，右脚尖支撑，同时将臀部抬离地面，左臂上举。反之亦然。

［强度设计］动作维持 10 ~ 15 秒，动作重复 2 ~ 3 组。

［注意事项］在动作完成过程中，始终保持腹部收紧，夹紧臀部，整个身体保持一条斜线。

［目标肌群］腹直肌、腹内斜机、腹外斜肌、三角肌、斜方肌、腰方肌、臀中肌、股中间肌、股外侧肌、阔筋膜张肌、腓骨肌。

17. 同侧手脚侧支撑（图 2-12-2）

a

b

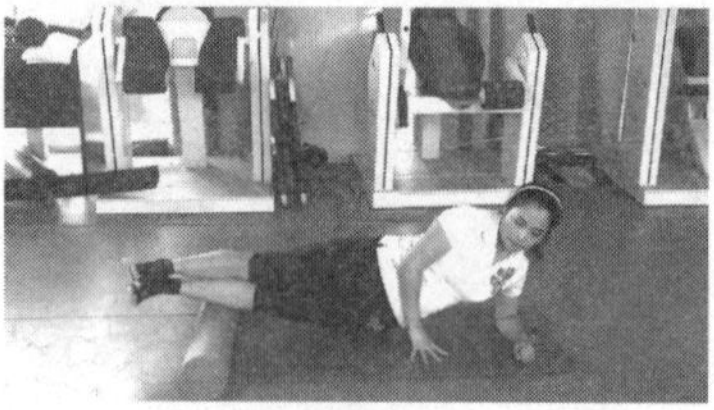

c

图 2-12-2

[初始动作] 侧卧，将泡沫轴放在小腿外侧靠近脚踝的位置。

[动作方法] 双腿重叠压放于泡沫轴上；弯曲左臂支撑，屈右臂置于胸前作支撑。吸气时，腿部、腰部和手臂同时用力，将臀部和腿部抬离地面，右臂上举的同时抬右腿向上，然后做另一侧。

[强度设计] 动作维持 10 ~ 15 秒，动作重复 2 ~ 3 组。

[注意事项] 始终保持抬起的一侧腿保持笔直状态。

[目标肌群] 腹直肌、腹内斜肌、腹外斜肌、三角肌、肱二头肌、斜方肌、竖脊肌、腰方肌、臀中肌、股四头肌、阔筋膜张肌、腓骨肌。

18. 同侧手脚侧支撑（图 2-12-3）

a　b　c

图 2-12-3

[初始动作] 直立，将泡沫轴立于体侧。

[动作方法] 双腿并拢；双手置于体侧。呼气时，右腿支

撑，身体向右侧倾斜，左腿抬离地面与地面保持平行，右手抓握泡沫轴，同时左臂上举。反之亦然。

[强度设计] 动作维持 10 ~ 15 秒，动作重复 2 ~ 3 组。

[注意事项] 支撑腿内外侧肌肉均匀用力维持身体稳定。

[目标肌群] 腹直肌、腹内斜肌、腹外斜肌、三角肌、肱二头肌、竖脊肌、腰方肌、臀肌、股四头肌、阔筋膜张肌。

三、泡沫轴核心力量训练

泡沫轴核心力量训练（表 1）是一种兼顾深层稳定肌和表层运动肌的力量训练。通过在核心力量训练中增加“泡沫轴”这一“不稳定因素”，可以使人体在高度不稳定支撑的状态下有效地激活、募集核心稳定肌，从而有利于提高力量的传递、协调组合和控制肌肉能力，增强身体协调、灵敏、平衡能力，为运动员的专项技能和动作的提高奠定坚实的基础，同时还可以有效防止运动损伤。而传统的力量训练却忽视了深层肌肉的训练。泡沫轴核心力量训练不仅增加了力量训练的难度，而且为传统力量训练增添了鲜活的因素。

表 1　核心肌群

肌群	具体肌肉名称
盆带肌	髂肌；腰大肌；梨状肌；臀大肌；臀中肌；臀小肌；闭孔内肌；闭孔外肌
大腿肌	股直肌；缝匠肌；阔肌膜张肌；股二头肌长头；半膜肌；半腱肌；耻骨肌；长收肌；短收肌；大收肌；股薄肌

（续表）

肌群	具体肌肉名称
背肌	回旋肌；多裂肌；棘间肌；横突间肌；斜方肌；背阔肌；肩胛提肌；菱形肌；竖脊肌
腹肌	腹内斜肌；腹横肌；腰方肌；腹外斜肌；腹直肌
膈肌	膈肌

1. 泡沫轴靠墙深蹲（图 3–1）

a

b

c

图 3–1

[初始动作] 靠墙站立，将泡沫轴放在背部胸椎的位置。

[动作方法] 手臂置于体侧；双腿打开与肩同宽。呼气时，屈膝下蹲，双臂前平举，掌心向下；吸气时还原。

[强度设计] 次数：10~15 次，组数：2~3 组，间歇：30~60 秒。

[注意事项] 注意膝关节不要超过脚尖；收紧腹部，挺直背部，不要让泡沫轴掉落。

[目标肌群] 股四头肌、臀大肌、腘绳肌、竖脊肌。

2. 仰卧卷腹手臂体侧摆动（图 3-2）

a

b

c

d

e

图 3–2

[初始动作] 仰卧，平躺在泡沫轴上。

[动作方法] 肩膀、臀部与泡沫轴贴合；双手前平举，前臂支撑地面；屈双膝，双脚平放着地。吸气时，下肢动作不

动，卷腹向上，同时抬起头部、颈部和上背部；双手抬离地面置于体侧上下摆动；呼气时还原。

［**强度设计**］次数：10~15 次，组数：2~3 组，间歇：30~60 秒。

［**注意事项**］在动作完成过程中，始终保持收腹。

［**目标肌群**］腹直肌、腹横肌、腹内斜肌。

3. 仰卧屈膝抬腿（图 3–3）

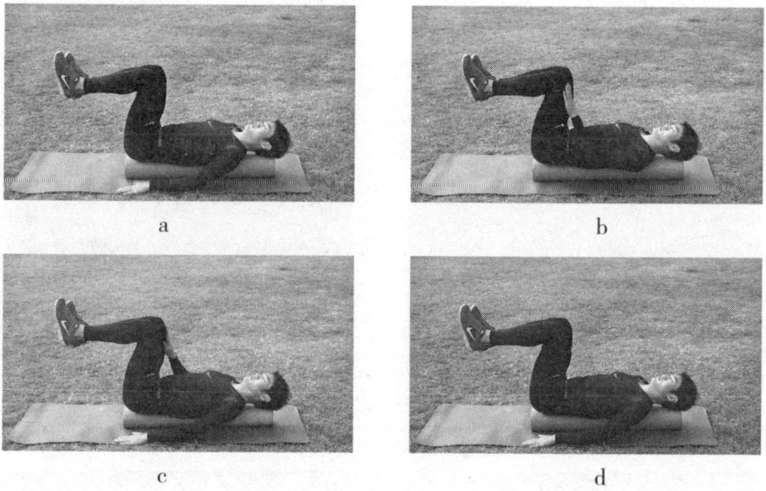

图 3–3

［**初始动作**］仰卧，平躺在泡沫轴上。

［**动作方法**］肩膀、臀部与泡沫轴贴合；双手置于体侧，前臂支撑地面，双腿屈膝打开与髋同宽，双脚支撑地面稳定身体。呼气时，屈膝抬腿向上，大小腿折叠 90°，且小腿与地面平行；左手手掌放在左膝上，尽量保持身体的平衡，维持 2~3 秒；吸气时还原。反之亦然。

[强度设计] 次数：10~15 次，组数：2~3 组，间歇：30~60 秒。

[注意事项] 在整个运动过程中，注意收腹；放松颈部；肩膀和颈部紧贴在泡沫轴上；臀部、大腿和小腿成 90° 夹角。

[目标肌群] 腹直肌、腹横肌、髂腰肌、髂肌、腹内斜肌、股四头肌。

变换姿势

[难度增强] 屈膝上抬，双手手掌放在双膝上，尽量保持身体的平衡。

4. 仰卧直臂上抬（图 3–4）

a

b

c

d

图 3–4

[初始动作] 平躺在泡沫轴上，肩膀和臀部与泡沫轴贴合。

[动作方法] 双手平放在身体两侧，双手前臂支撑地面，双腿屈膝打开与髋同宽，双脚支撑地面稳定身体。双手置于头顶正上方，掌心向上。吸气时，直臂上举，同时收腹向上，抬起头部、颈部和上背部；呼气时身体缓慢还原。

[强度设计] 次数：10~15 次，组数：2~3 组，间歇：30~60 秒。

[注意事项] 在运动过程中放松颈部，伸直手肘，避免肩膀朝着耳朵方向耸起。

[目标肌群] 腹直肌、腹横肌、髂腰肌、髂肌、腹内斜肌、竖脊肌。

5. 仰卧蹬自行车（图 3–5）

a　b　c　d

e

图 3–5

[初始动作] 将泡沫轴竖放在脊柱下方，平躺在泡沫轴上。

[动作方法] 肩膀、臀部与泡沫轴贴合；双手平放在身体两侧，前臂支撑地面；双腿屈膝，打开与肩同宽，双脚支撑地面稳定身体。吸气时抬起膝关节，小腿向后伸展，且与地面保持平行，大小腿折叠 90° ；背部紧贴在泡沫轴上，抬起头部和肩膀。呼气时，向后下方伸直右腿与地面成 30° 夹角，并将左膝盖拉向胸部方向。动作维持 2~3 秒后，交换双腿位置。

[强度设计] 次数：10~15 次，组数：2~3 组，间歇：30~60 秒。

[注意事项] 在整个动作完成过程中，始终保持头、颈、肩抬离泡沫轴。在“蹬自行车”向下的过程中保持腿部伸直；注意放松颈部，肩膀远离耳朵。

[目标肌群] 腹直肌、腹横肌、髂腰肌、髂肌、腹内斜肌、阔筋膜张肌、股中间肌、股直肌、大收肌、股内侧肌。

6. 仰卧屈膝单腿下落（图 3–6）

[初始动作] 仰卧，平躺在泡沫轴上。

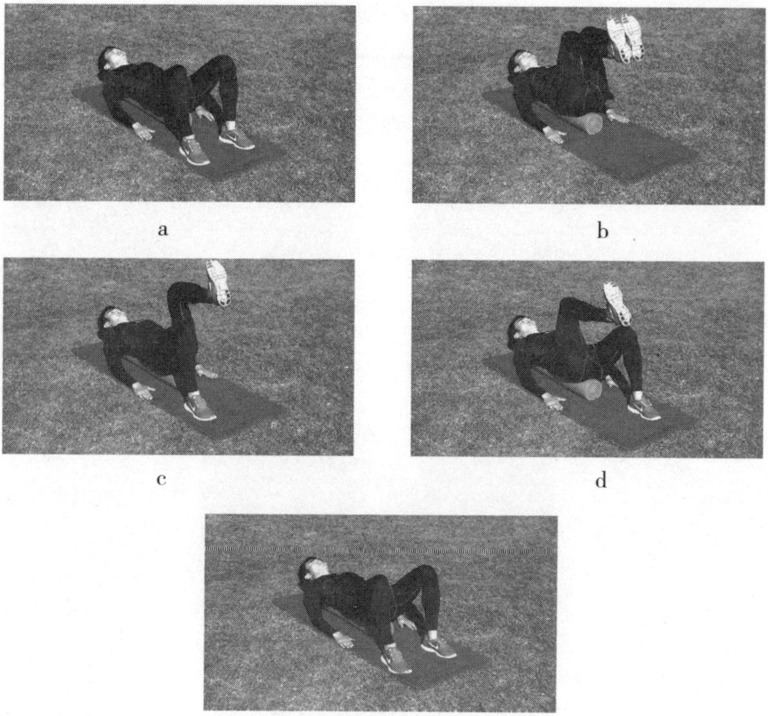

图 3–6

［动作方法］ 双手平放在身体两侧，双手前臂支撑地面，双膝弯曲双脚平放着地。吸气时，双腿并拢屈膝上抬至小腿与地面平行，大小腿折叠 90°；呼气时，左腿保持不动，右腿缓慢下落；吸气时还原。反之亦然。

［强度设计］ 次数：10~15 次，组数：2~3 组，间歇：30~60 秒。

［注意事项］ 在动作完成过程中，注意收腹，背部紧贴泡沫轴。

［目标肌群］腹直肌、腹横肌、髂腰肌、髂肌、腹内斜肌、股四头肌。

7. 仰卧屈膝上抬（图 3–7）

a

b

c

图 3–7

［初始动作］仰卧，平躺在泡沫轴上。

［动作方法］双手平放在身体两侧，双手前臂支撑地面，双膝弯曲双脚平放着地。吸气时，双腿并拢屈膝上抬至小腿与地面平行，大小腿折叠 90°；呼气时，腹部用力将双腿缓慢还原到地面上。

［强度设计］次数：10~15 次，组数：2~3 组，间歇：30~60 秒。

［注意事项］在动作完成过程中，注意收腹，背部紧贴泡沫轴。

［目标肌群］腹直肌、腹横肌、髂腰肌、髂肌、腹内斜肌、股四头肌。

变换姿势

［**难度降低**］仰卧屈膝单腿交替上抬。

8. 仰卧直腿下落（图 3-8）

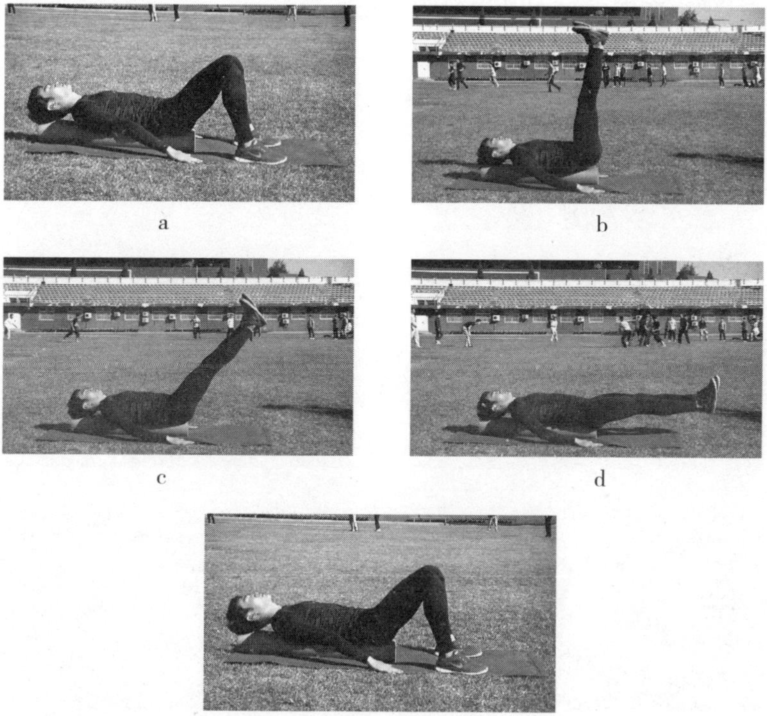

a　b　c　d　e

图 3-8

［**初始动作**］仰卧，平躺在泡沫轴上。

［**动作方法**］双手平放于身体两侧，前臂支撑地面，双膝弯曲双脚平放着地。吸气时，双腿同时向上抬起与地面成 90° 夹角。呼气时，双腿下落，与地面成 60° 夹角停留 3~5

秒；呼气继续下落，双腿与地面成 30° 夹角，停留 3~5 秒；再次呼气腹部用力将双腿缓慢还原到地面上。

[强度设计] 次数：10~15 次，组数：2~3 组，间歇：30~60 秒。

[注意事项] 在动作完成过程中，始终保持腿部伸直，不要屈膝。

[目标肌群] 腹直肌、腹横肌、髂腰肌、髂肌、腹内斜肌、股四头肌。

9. 仰卧剪腿（图 3–9）

a

b

c

d

e

f

图 3–9

［**初始动作**］仰卧，将泡沫轴横放于臀部下方。

［**动作方法**］双手平放在身体两侧，前臂支撑地面；双腿并拢向前伸展。吸气时，双腿向上抬起，与地面垂直。呼气时，双腿像剪刀一样前后打开，左腿前右腿后，依次交换双腿。

［**强度设计**］次数：10~15 次，组数：2~3 组，间歇：30~60 秒。

［**注意事项**］在整个运动过程中，双腿始终保持绷直状态；注意放松颈部和肩膀；收紧腹部。

［**目标肌群**］腹直肌、腹横肌、髂腰肌、髂肌、股四头肌。

10. 仰卧分腿（图 3-10）

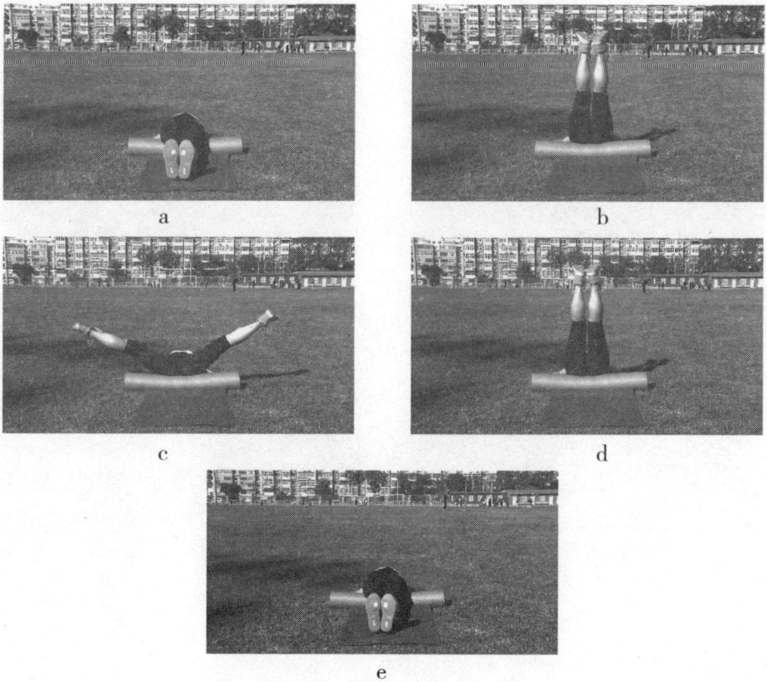

图 3-10

[**初始动作**] 仰卧，将泡沫轴横放于臀部下方。

[**动作方法**] 双手平放在身体两侧，前臂支撑地面，双腿并拢向前伸展。吸气时双腿向上抬起，与地面垂直；呼气时双腿向两侧打开，停留 3~5 秒；再次吸气时双腿慢慢向中间并拢。

[**强度设计**] 次数：10~15 次，组数：2~3 组，间歇：30~60 秒。

[**注意事项**] 在整个运动过程中，双腿始终保持绷直状态；注意放松颈部和肩膀。

[**目标肌群**] 腹直肌、腹横肌、髂腰肌、髂肌、股内侧肌、半腱肌、半膜肌。

11. 仰卧背桥（图 3-11-1）

a

b

c

图 3-11-1

[**初始动作**] 仰卧，双脚踩在泡沫轴上。

[**动作方法**] 双臂置于体侧。保持腿部不动，然后在保持泡沫轴不动的情况下，臀部向上抬起和向下运动。吸气时双脚压着泡沫轴使其无法移动，不拱起背部，抬起臀部离地；呼气时还原。

[**强度设计**] 次数：10~15 次，组数：2~3 组，间歇：30~60 秒。

[**注意事项**] 在整个运动过程中，避免因臀部和背部下放无法稳定，而向下跌陷；注意脚踝受伤，下背部疼痛者不建议尝试此动作。

[**目标肌群**] 腹直肌、腹横肌、髂腰肌、髂肌、臀肌、股中间肌、股直肌、缝匠肌、股内侧肌、竖脊肌、股二头肌。

12. 仰卧背桥（图 3-11-2）

a

b

c

d

e

图 3-11-2

［**初始动作**］仰卧，双脚踩在泡沫轴上。

［**动作方法**］双脚打开与肩同宽；双臂置于体侧。吸气时双脚压着泡沫轴使其无法移动，抬起臀部离地；上半身位置固定；呼气时，双腿向两侧打开；呼气还原。

［**强度设计**］次数：10~15 次，组数：2~3 组，间歇：30~60 秒。

［**注意事项**］在整个运动过程中，避免因臀部和背部下放无法稳定，而向下跌陷；注意脚踝受伤，下背部疼痛者不建议尝试此动作。

［**目标肌群**］腹直肌、腹横肌、髂腰肌、髂肌、臀肌、股四头肌、缝匠肌、竖脊肌、股二头肌。

13. 仰卧背桥抬腿（图 3-12-1）

a

b

c

d

e

图 3-12-1

[**初始动作**] 仰卧，双脚踩在泡沫轴上。

[**动作方法**] 双脚打开与肩同宽，双臂置于体侧。吸气时，双脚压着泡沫轴使其无法移动，抬臀离地，保持身体稳定；慢慢抬起左腿至右腿膝盖同高，伸直左腿，动作维持 2~3 秒左右；呼气时尽量保持泡沫轴不动，左腿还原至泡沫轴上。反之亦然。

[**强度设计**] 次数：10~15 次，组数：2~3 组，间歇：30~60 秒。

[**注意事项**] 在动作完成过程中，注意不要屈膝；放松颈部和肩膀；臀部抬起。

[**目标肌群**] 腹直肌、腹横肌、腹内斜肌、髂腰肌、髂肌、竖脊肌、阔筋膜张肌、臀肌、股四头肌、腘绳肌。

14. 仰卧背桥抬腿（图 3-12-2）

a

b

c

d

e

图 3-12-2

［初始动作］仰卧，将泡沫轴放在肩膀下方。

［动作方法］臀部贴着地面，膝盖弯曲，双脚平放于地，双手置于体侧。吸气时，双脚用力，抬臀离地，左腿支撑地面，伸展右腿，抬起右腿尽量与地面垂直，动作维持 2~3 秒左右；呼气时还原。反之亦然。

［强度设计］次数：10~15 次，组数：2~3 组，间歇：30~60 秒。

［**注意事项**］在动作完成过程中，注意不要屈膝，保持腿部伸直；放松颈部和肩膀；臀部抬起。

［**目标肌群**］腹直肌、腹横肌、竖脊肌、阔筋膜张肌、腹内斜肌、股中间肌、臀肌、股二头肌。

15. 仰卧屈伸下蹲（图 3–13）

a

b

c

图 3–13

［**初始动作**］坐姿，将泡沫轴横放在身体后面。

［**动作方法**］双腿并拢向前伸展；双手手肘弯曲放在泡沫轴上，压紧泡沫轴，手指朝向臀部的方向。吸气时腿部用力，撑起臀部和肩膀，使臀部抬离地面；呼气保持，然后做臀部下抬和下落的动作。

［**强度设计**］次数：10~15 次，组数：2~3 组，间歇：30~60 秒。

［注意事项］在身体下落和抬起的过程中，避免泡沫轴的移动；注意双臂保持不动，双腿伸直。

［目标肌群］腹直肌、腹横肌、前锯肌、三角肌、肱三头肌、斜方肌、股四头肌。

16. 仰卧单腿画圈（图 3–14）

图 3–14

［初始动作］仰卧，将泡沫轴放在臀部下方。

［动作方法］双臂平放在体侧，前臂支撑地面，双膝弯曲，

双脚平放着地。吸气时，保持前臂支撑，支撑脚紧压地面，并抬起右腿伸直向上。腹部内收，腿部沿着顺时针方向旋转 5 圈逆时针 5 圈。反之亦然。

［**强度设计**］次数：10~15 次，组数：2~3 组，间歇：30~60 秒。

［**注意事项**］在动作完成过程中，始终保持腿部伸直；在安全可控的范围内，尽可能扩大画圈幅度。

［**目标肌群**］腹直肌、腹横肌、内收肌、髋屈肌、股四头肌。

17. 仰卧单腿上抬（图 3–15）

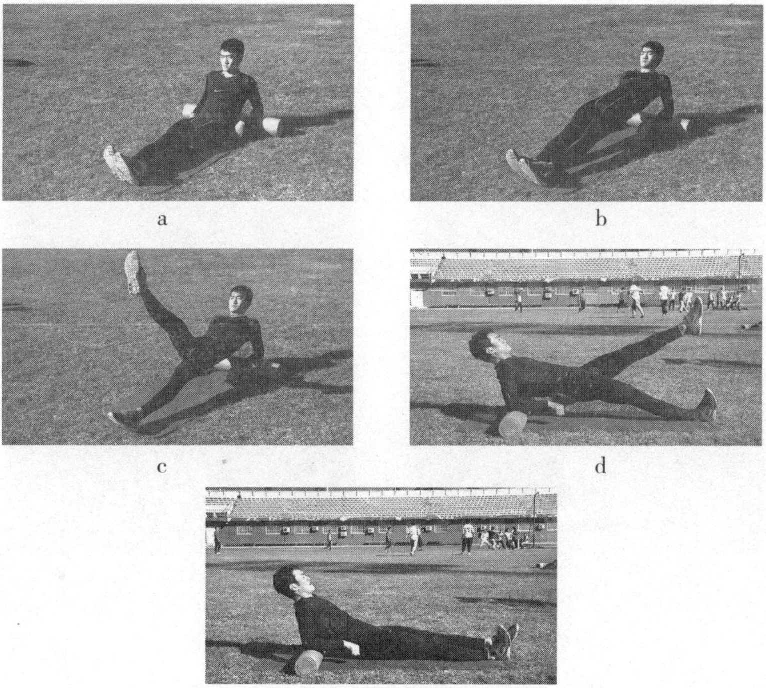

a　b　c　d　e

图 3–15

[**初始动作**] 坐姿，将泡沫轴横放在体后。

[**动作方法**] 双腿并拢向前伸展；双手手肘弯曲放在泡沫轴上，压紧泡沫轴，手指朝向臀部的方向。吸气时腿部用力，撑起臀部和肩膀，使臀部抬离地面；呼气时，右腿向前上方抬起，动作停留 2~3 秒；吸气时还原。反之亦然。

[**强度设计**] 次数：10~15 次，组数：2~3 组，间歇：30~60 秒。

[**注意事项**] 注意伸直双膝，收腹，避免腰部下陷。

[**目标肌群**] 腹直肌、腹横肌、前锯肌、三角肌、肱三头肌、斜方肌、股四头肌。

18. 泡沫轴仰卧起坐（图 3–16–1）

a

b

c

d

图 3–16–1

[**初始动作**] 仰卧，平躺在泡沫轴上。

[**动作方法**] 双手置于体侧，前臂支撑，双腿屈膝，双脚

支撑地面稳定身体。吸气时，左腿和右臂支撑地面，伸直的右臂做伸向伸直的左脚脚踝的动作；呼气时慢慢下落还原。反之亦然。

［强度设计］次数：10~15 次，组数：2~3 组，间歇：30~60 秒。

［注意事项］在整个运动过程中注意收腹，维持身体的稳定。

［目标肌群］腹直肌、腹横肌、前锯肌、三角肌、肱三头肌、斜方肌、半腱肌、半膜肌、肱二头肌。

19. 泡沫轴仰卧起坐（图 3–16–2）

a

b

c

图 3–16–2

［初始动作］仰卧，双手持泡沫轴两端置于头部上方。

［动作方法］弯曲双膝，打开与髋同宽。吸气时，卷腹向

上，抬起上半身，双手持泡沫轴置于双腿之间；呼气时还原。

［强度设计］次数：10~15 次，组数：2~3 组，间歇：30~60 秒。

［注意事项］在整个运动过程中注意收腹，挺直背部。

［目标肌群］腹直肌、腹横肌、腹内斜肌、腹外斜肌。

20. 泡沫轴仰卧起坐（图 3-16-3）

a　　b

图 3-16-3

［初始动作］仰卧，双脚踩在泡沫轴上。

［动作方法］双臂置于体侧；双腿打开与髋同宽，双膝微屈。吸气时，卷腹向上，抬起上半身，且双臂抬离地面与地面平行；双腿用力，屈膝靠近胸部，使动泡沫轴滚动至脚掌下方的位置，呼气时还原。

［强度设计］次数：10~15 次，组数：2~3 组，间歇：30~60 秒。

［注意事项］在整个运动过程中注意收腹，挺直背部。

［目标肌群］腹直肌、腹横肌。

21. 泡沫轴仰卧起坐（图 3–16–4）

a

b

c

d

e

图 3–16–4

［**初始动作**］仰卧，平躺在泡沫轴上。

［**动作方法**］双手平放在身体两侧，前臂支撑地面，双腿屈膝打开与髋同宽，双脚支撑地面稳定身体。左腿和右手支撑地面，吸气时，屈臂屈腿，抬起右腿和左手，左手肘做伸向右膝的动作，停留 2~3 秒；呼气时还原。反之亦然。

[**强度设计**] 次数：10~15 次，组数：2~3 组，间歇：30~60 秒。

[**注意事项**] 在整个运动过程中注意保持双腿伸直，避免膝盖弯曲。

[**目标肌群**] 腹直肌、腹横肌、腹外斜肌、腹内斜肌、前锯肌、三角肌、肱三头肌、斜方肌、股四头肌。

22. 泡沫轴仰卧起坐（图 3-16-5）

a

b

c

d

e

图 3-16-5

[初始动作] 仰卧，平躺在泡沫轴上。

[动作方法] 双手平放在身体两侧，前臂支撑地面；双腿屈膝打开与髋同宽，双脚支撑地面稳定身体。吸气时，双臂伸直置于腹部上方，双手重叠交握，掌心向下，同时卷腹向上，抬起头部、颈部和肩膀停留 2~3 秒；呼气时慢慢下落还原。

[强度设计] 次数：10~15 次，组数：2~3 组，间歇：30~60 秒。

[注意事项] 在整个运动过程中注意收腹，维持身体的稳定。

[目标肌群] 腹直肌、腹横肌、前锯肌、斜方肌。

23. 泡沫轴仰卧起坐（图 3-16-6）

a

b

c

d

e

图 3-16-6

［初始动作］仰卧，平躺在泡沫轴上。

［动作方法］双手平放在身体两侧，前臂支撑地面，双腿屈膝打开与髋同宽，双脚支撑地面稳定身体。右腿支撑地面，吸气时，卷腹向上，伸直左腿向上，抬起双臂，双臂伸向左腿的方向，动作停留3~5 秒；呼气时还原。反之亦然。

［强度设计］次数：10~15 次，组数：2~3 组，间歇：30~60 秒。

［注意事项］在整个运动过程中注意收腹，避免膝盖弯曲。

［目标肌群］腹直肌、腹横肌、前锯肌、三角肌、肱三头肌、斜方肌、股四头肌。

24. 仰卧腿夹轴上抬（图 3–17）

a

b

c

图 3–17

［初始动作］仰卧，双脚夹住泡沫轴两端。

［动作方法］双手置于体侧支撑地面；双腿向前伸展。吸

气时，收腹腿上抬；呼气时还原。

［**强度设计**］次数：10~15 次，组数：2~3 组，间歇：30~60 秒。

［**注意事项**］注意收腹，放松颈部，不要屈膝。

［**目标肌群**］腹直肌、腹横肌、腹内斜肌、阔筋膜张肌、股中间肌、股直肌、大收肌、股内侧肌。

25. 泡沫轴俯卧撑（图 3–18–1）

a　b　c　d

图 3–18–1

［**初始动作**］直立，将泡沫轴置于体前。

［**动作方法**］向下弯腰，直至双手掌心向下触摸到泡沫轴，此时双手在肩膀的正上方；双腿向后迈，收紧臀部，夹紧双腿，伸展脚尖，使身体成一条直线。呼气时，弯曲肘部，身体压向地面，大小臂折叠约 90°，停留 2~3 秒；吸气时抬起身体，直至恢复到站立姿势。

［**强度设计**］次数：10~15 次，组数：2~3 组，间歇：

30~60 秒。

[注意事项] 身体在向下压和向上抬的过程中，肘部需紧贴身体；颈部肌肉放松，颈部伸直；不要耸肩；收紧腹部；伸直膝盖。

[目标肌群] 腹横肌、髂腰肌、腰方肌、腹内斜肌、臀大肌、股四头肌、三角肌、胸肌。

变换姿势

[难度降低] 跪在地上，小腿背后交叉；双手撑在泡沫轴上；臀部夹紧。然后持续做弯曲和伸直手肘。

26. 泡沫轴俯卧撑（图 3–18–2）

a　b　c　d　e

图 3–18–2

[初始动作] 跪立，左手按压在泡沫轴上。

[动作方法] 双臂和双腿打开与肩同宽。吸气时，双腿向后伸展成俯卧撑姿势；呼气时弯曲肘部，身体压向地面停留 2~3 秒；吸气还原。反之亦然。

[强度设计] 次数：10~15 次，组数：2~3 组，间歇：30~60 秒。

[注意事项] 注意收腹，放松颈部。

[目标肌群] 腹横肌、髂腰肌、腰方肌、腹内斜肌、臀大肌、股四头肌、三角肌、胸肌。

27. 泡沫轴俯卧撑（图 3-18-3）

a

b

c

d

e

图 3-18-3

[初始动作] 直立，将泡沫轴横放于体后。

[动作方法] 向下弯腰，双腿向后伸展，双脚脚踝放在泡沫轴上；此时屈臂支撑，大小臂折叠约 90° ，且双手握拳；收腹夹臀，身体成一条直线。吸气时，手臂依次伸直支撑停留 2~3 秒；呼气时依次屈臂下落支撑停留 2~3 秒。

[强度设计] 次数：10~15 次，组数：2~3 组，间歇：30~60 秒。

[注意事项] 整个动作过程中，注意收腹夹臀，不要耸肩。

[目标肌群] 腹横肌、髂腰肌、腰方肌、腹内斜肌、臀大肌、股四头肌、三角肌、胸肌。

28. 泡沫轴俯卧撑（图 3-18-4）

a b c d e f

图 3-18-4

[初始动作] 直立，将泡沫轴横放于体前。

[动作方法] 向下弯腰，直至双手掌心向下触摸到泡沫轴，此时双手在肩膀的正下方；双腿向后迈，收紧臀部，夹紧双腿，伸展脚尖，使身体成一条直线。吸气时，右臂抬离轴面触碰左肩，左臂支撑，动作停留 2~3 秒；换右臂支撑，左臂抬离轴面触碰右肩，动作停留 2~3 秒；呼气时还原。

[强度设计] 次数：10~15 次，组数：2~3 组，间歇：30~60 秒。

[注意事项] 整个动作过程中，注意收腹夹臀，不要耸肩。

[目标肌群] 腹横肌、髂腰肌、腰方肌、腹内斜肌、臀大肌、股四头肌、三角肌、胸肌。

29. 泡沫轴俯卧撑（图 3-18-5）

a

b

c

d

e

图 3–18–5

［初始动作］直立，将泡沫轴横放于体前。

［动作方法］向下弯腰，双手置于泡沫轴上，且手腕在肩膀的正下方；双腿向后伸展，且打开与肩同宽，收紧臀部，脚尖支撑，使身体成一条直线。呼气时，屈臂向下，同时左腿向后上方抬起，右腿支撑，动作停留 2~3 秒；呼气时还原。反之亦然。

［强度设计］次数：10~15 次，组数：2~3 组，间歇：30~60 秒。

［注意事项］整个动作过程中，注意收腹夹臀，不要耸肩。

［目标肌群］腹横肌、髂腰肌、腰方肌、腹内斜肌、臀大肌、股四头肌、三角肌、胸肌。

30. 泡沫轴俯卧撑（图 3–18–6）

a

b

c

d

e

图 3–18–6

［初始动作］直立，将泡沫轴横放于体前。

［动作方法］向下弯腰，双手置于泡沫轴上，且手腕在肩膀的正下方；双腿向后伸展，且打开与肩同宽，收紧臀部，脚尖支撑，使身体成一条直线。呼气时，屈臂向下，同时右腿向侧上方抬起，左腿支撑，动作停留 2~3 秒；呼气时还原。反之亦然。

［强度设计］次数：10~15 次，组数：2~3 组，间歇：30~60 秒。

［注意事项］整个动作过程中，注意收腹夹臀，不要耸肩。

［目标肌群］腹横肌、髂腰肌、腰方肌、腹内斜肌、臀大肌、股四头肌、三角肌。

31. 泡沫轴俯卧撑（图 3–18–7）

［初始动作］直立，泡沫轴横放于体前。

［动作方法］向下弯腰，双手置于泡沫轴上，打开与肩同宽或略宽于肩；双腿向后伸展，且打开与肩同宽，收紧臀部，

a　b　c　d　e　f　g　h

图 3-18-7

脚尖支撑，使身体成一条直线。呼气时，屈臂向下；吸气时手臂同时抬离泡沫轴；再次呼气时上半身下落双臂微屈支撑于泡沫轴上，双手保持重叠；吸气向上；呼气时还原。

[强度设计] 次数：10~15 次，组数：2~3 组，间歇：30~60 秒。

[注意事项] 整个动作过程中，注意收腹夹臀。

[目标肌群] 腹横肌、髂腰肌、腰方肌、腹内斜肌、臀大肌、股四头肌、股二头肌、三角肌、胸肌。

32. 俯卧屈臂收拉（图 3–19）

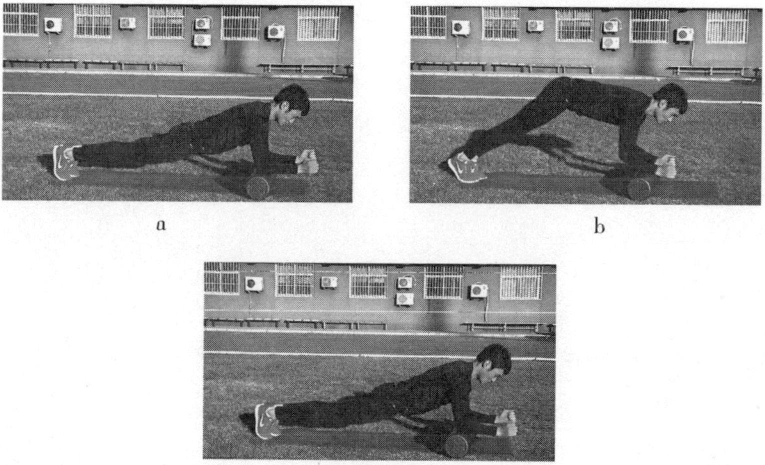

a　b　c

图 3–19

[初始动作] 俯卧撑姿势。

[动作方法] 向下弯腰，屈双臂，前臂置于泡沫轴上打开与肩同宽；双腿向后伸展，且打开与肩同宽，收紧臀部，脚尖支撑，使身体成一条直线。吸气时，收腹屈臂向后，手肘伸向腹部的方向，同时臀部向上抬起，使身体形成倒“V”形，动作停留2~3 秒；呼气时还原。

[强度设计] 次数：10~15 次，组数：2~3 组，间歇：30~60 秒。

[注意事项] 整个动作过程中，注意收腹夹臀。

[目标肌群] 腹横肌、髂腰肌、腰方肌、腹内斜肌、臀大肌、股四头肌、股二头肌、三角肌、胸肌。

33. 俯卧屈膝（图 3–20）

a

b

c

图 3–20

[初始动作] 俯卧，将泡沫轴放在大腿前侧的位置。

[动作方法] 屈前臂支撑；双腿并拢向后伸展，抬离地面。吸气时，屈左膝，脚后跟尽量贴近臀部；呼气时还原。反之亦然。

[强度设计] 次数：10~15 次，组数：2~3 组，间歇：30~60 秒。

[注意事项] 注意收紧腹部，挺直背部。

[目标肌群] 股二头肌、肱二头肌、三角肌。

34. 侧卧单腿上抬（图 3-21）

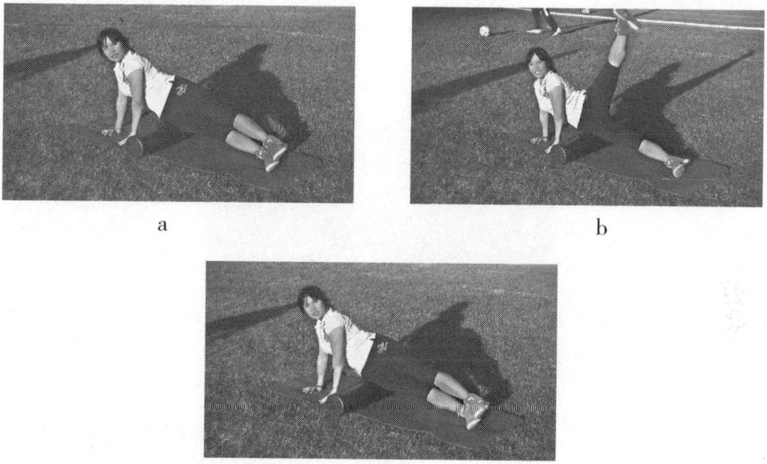

a　b　c

图 3-21

[初始动作] 侧卧，将泡沫轴放在臀部外侧的位置。

[动作方法] 双腿并拢伸直；双臂伸直支撑于地面。吸气时，收腹，左腿向上抬起；呼气时还原。反之亦然。

[强度设计] 次数：10~15 次，组数：2~3 组，间歇：30~60 秒。

[注意事项] 在整个运动过程中注意收紧腹部核心力量。

[目标肌群] 腹内斜肌、腹外斜肌、腹横肌、髂腰肌、股外侧肌、阔筋膜张肌、三角肌、肱二头肌。

35. 侧卧单腿前摆（图 3-22）

[初始动作] 侧卧，将泡沫轴放在臀部外侧的位置。

a

b

c

图 3–22

［动作方法］双腿并拢伸直；双臂伸直支撑于地面。吸气时，收腹，左腿向前伸展；呼气时还原。反之亦然。

［强度设计］次数：10~15 次，组数：2~3 组，间歇：30~60 秒。

［注意事项］在整个运动过程中注意收腹。

［目标肌群］腹直肌、腹横肌、髂腰肌、股四头肌、股二头肌、三角肌、肱二头肌。

36. 侧卧同侧膝肘碰（图 3–23）

a

b

c

图 3–23

［初始动作］侧卧，将泡沫轴放在臀部外侧的位置。

［动作方法］双腿并拢伸直；左臂伸直支撑于地面，右臂伸直置于头部正上方。呼气时，收腹，右腿右臂同屈，在侧腰上方相碰触；吸气时还原。反之亦然。

［强度设计］次数：10~15 次，组数：2~3 组，间歇：30~60 秒。

［注意事项］在整个运动过程中注意收紧腹部肌群。

［目标肌群］腹内斜肌、腹外斜肌、腹横肌、髂腰肌、股外侧肌、阔筋膜张肌、三角肌、肱二头肌。

四、泡沫轴再生训练

泡沫轴再生训练是一种练习者为达到自我放松的目的，利用自身重量与泡沫轴相互作用产生的压力，作用于肌肉及筋膜等软组织伤上，缓解运动后的疲劳，促进细胞肌肉恢复的新的训练方法和手段。运用泡沫轴进行再生训练，还可以提高身体的柔韧性，预防运动损伤，提高运动水平。

1. 小腿外侧肌群（图 4-1-1）

a

b

c

d

e

图 4-1-1

［**初始动作**］跪姿，将泡沫轴置于靠近膝关节的位置。

［**动作方法**］双臂伸直，支撑于手腕正上方；右小腿搭在左小腿上，且左小腿略向内扭转。呼气时，双臂位置不动，腰腹及腿部用力，使泡沫轴滚至靠近左脚踝的位置；吸气时还原。反之亦然。

［**强度设计**］利用自身体重在泡沫轴上缓慢滚动 1 ~ 2 分钟。

[**注意事项**] 注意收腹，挺直背部，身体协调用力；在滚动过程中如果有疼痛感，应在痛点上停留 20 ~ 30 秒，直到疼痛程度下降 50% ~ 75%。

[**目标肌群**] 腓骨长肌、腓骨短肌。

2. 小腿外侧肌群（图 4-1-2）

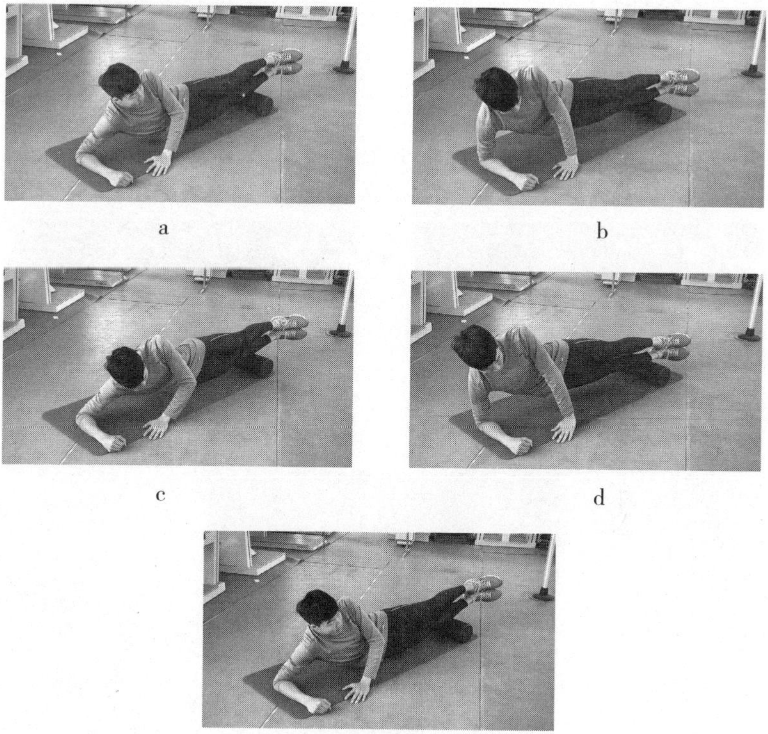

a　b　c　d　e

图 4-1-2

[**初始动作**] 右侧卧，将泡沫轴置于右膝下方小腿外侧的位置。

[动作方法] 右臂弯曲 90°，前臂支撑身体于头部上方；左臂微屈置于胸部前方作支撑；双腿并拢伸直，使身体成一条直线。呼气时，双臂用力，带动身体向上移动，使泡沫轴滚动至靠近脚踝的位置；吸气时还原。反之亦然。

[强度设计] 利用自身体重在泡沫轴上缓慢滚动 1 ~ 2 分钟。

[注意事项] 注意收腹，避免骨盆下陷；在滚动过程中如果有疼痛感，应在痛点上停留 20 ~ 30 秒，直到疼痛程度下降 50% ~ 75%。

[目标肌群] 腓骨长肌、腓骨短肌。

3. 小腿后侧肌群（图 4-2-1）

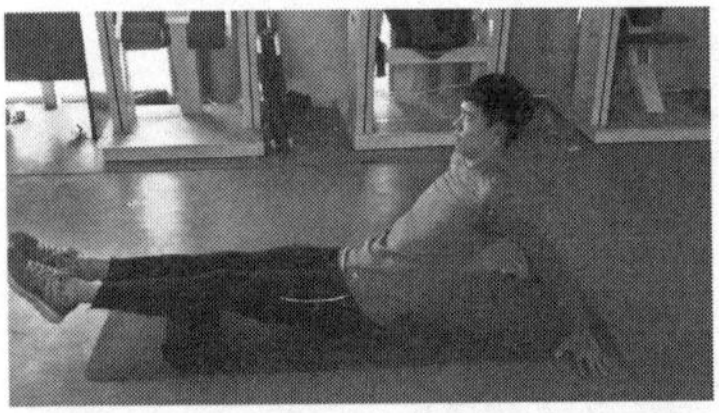

a

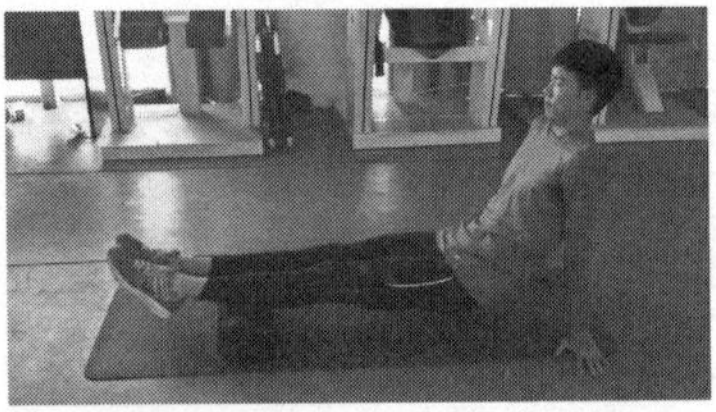

b

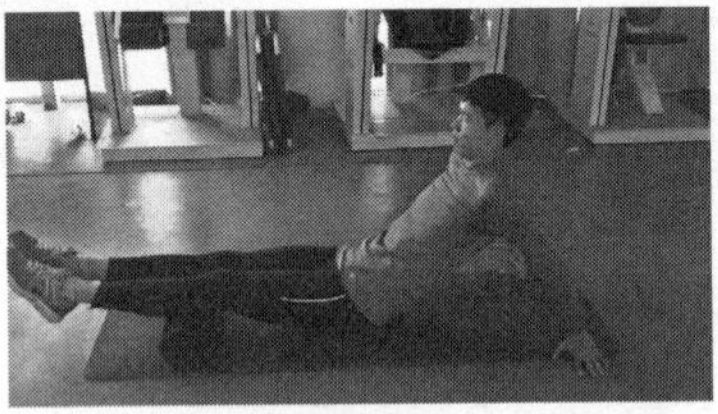

c

图 4-2-1

[初始动作] 坐姿，将泡沫轴置于小腿靠近膝关节的位置。

[动作方法] 双手伸直支撑于臀部后方，指尖向外；收腹，臀部远离地面，身体稍向后倾；双腿并拢伸直，且与地面保持

平行。呼气时，带动身体向后移动，使泡沫轴滚动至靠近跟腱的位置；吸气时还原。

[强度设计] 利用自身体重在泡沫轴上缓慢滚动 1 ~ 2 分钟。

[注意事项] 注意收腹；若上肢较短者可使用毛毯放在双手下方；肩关节有伤者或臂力较弱者不建议做此动作；在滚动过程中如果有疼痛感，应在痛点上停留 20 ~ 30 秒，直到疼痛程度下降 50% ~ 75%。

[目标肌群] 腓肠肌、比目鱼肌。

变换姿势

[难度增强] 左腿伸直，右腿屈膝搭在左小腿上方或将右脚搭在左脚脚尖，臀部离地，双臂用力，带动身体前后移动。

4. 小腿后侧肌群（图 4-2-2）

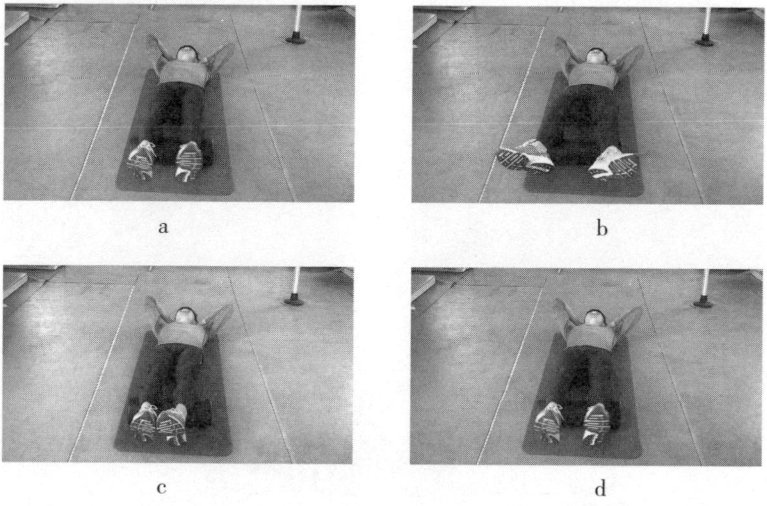

a　b　c　d

图 4-2-2

[初始动作] 仰卧，将泡沫轴放在小腿中端位置。

[动作方法] 平躺，双腿打开与肩同宽，双臂置于体侧，掌心向下。呼气时，双腿同时向外侧转动；吸气时，双腿同时向内侧转动。

[强度设计] 利用自身体重在泡沫轴上缓慢转动 1 ~ 2 分钟。

[注意事项] 此动作适合初学者练习，注意完全放松上半身；在转动过程中如果有疼痛感，应在痛点上停留 20 ~ 30 秒，直到疼痛程度下降 50% ~ 75%。

[目标肌群] 腓肠肌、比目鱼肌。

5. 大腿前侧肌群（图 4-3-1）

a

b

c

d

e

图 4-3-1

[初始动作] 俯卧，将泡沫轴放在靠近骨盆的位置。

[动作方法] 屈臂，前臂支撑于头部上方，双手十指交扣；双腿并拢伸直，且与地面保持平行。呼气时，双臂用力带动身体向上移动，使滚轴移动至靠近膝关节的位置；吸气时还原。

[强度设计] 利用自身体重在泡沫轴上缓慢滚动 1～2 分钟。

[注意事项] 注意收腹，不要塌腰；在滚动过程中如果有疼痛感，应在痛点上停留 20～30 秒，直到疼痛程度下降 50%～75%。

[目标肌群] 股直肌、股中肌、股外侧肌、缝匠肌、阔筋膜张肌。

变换姿势

[难度增强] 双腿并拢，右脚搭在左腿跟腱上或右腿屈膝 90° 搭在左腿上（左臂微屈，支撑于身体外侧），双臂用力带动身体前后移动。

6. 大腿前侧肌群（图 4–3–2）

a

b

c

图 4–3–2

［**初始动作**］俯卧，将泡沫轴放在右腿靠近骨盆的位置。

［**动作方法**］屈臂，前臂置于头部上方，双手十指交扣；右腿伸直，左腿屈膝外展，支撑于地面。呼气时，双臂用力带动身体向上移动，使滚轴移动至靠近右膝的位置；吸气时还原。反之亦然。

［**强度设计**］利用自身体重在泡沫轴上缓慢滚动 1～2 分钟。

［**注意事项**］注意收腹，不要塌腰；在滚动过程中如果有疼痛感，应在痛点上停留 20～30 秒，直到疼痛程度下降 50%～75%。

［**目标肌群**］股直肌、股中肌、股外侧肌、缝匠肌、阔筋膜张肌。

7. 大腿外侧肌群（图 4–4）

a

b

c

图 4–4

[**初始动作**] 右侧卧，将泡沫轴置于右腿外侧靠近髋关节的位置。

[**动作方法**] 屈右臂，支撑于头部上方；弯曲左臂，支撑于胸部前方；双腿伸直重叠，抬离地面。呼气时，靠手臂及腰腹力量带动身体向上移动，使泡沫轴滚至靠近膝关节的位置；吸气时还原。反之亦然。

[**强度设计**] 利用自身体重在泡沫轴上缓慢滚动 1 ~ 2 分钟。

[**注意事项**] 注意收腹，不要塌腰；在滚动过程中如果有疼痛感，应在痛点上停留 20 ~ 30 秒，直到疼痛程度下降 50% ~ 75%。

[**目标肌群**] 阔筋膜张肌、股外侧肌、股直肌、缝匠肌、股中肌及髂胫束。

难度降低：右腿伸直，屈左腿置于右腿前方，脚掌着地。

8. 大腿内侧肌群（图 4–5）

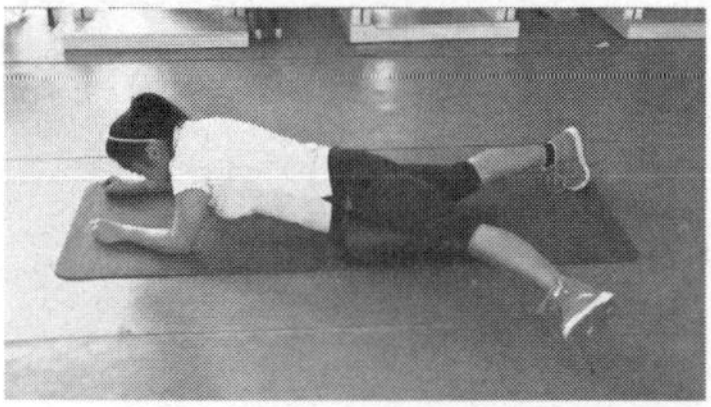

a

b

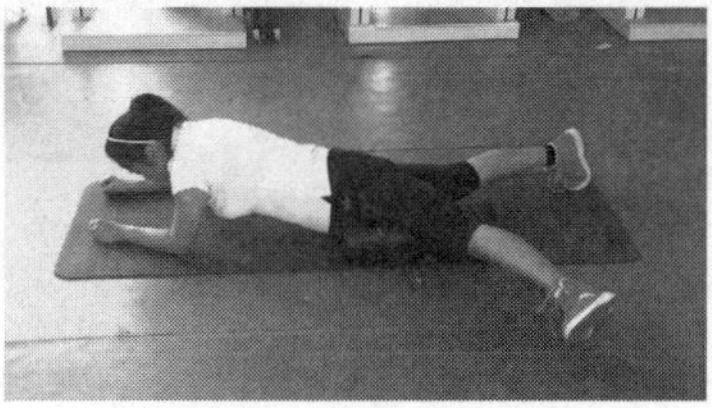

c

图 4–5

［**初始动作**］俯卧，将泡沫轴置于左腿内侧靠近骨盆的位置。

［**动作方法**］左腿向外打开；右腿伸直，脚尖支撑；屈双臂支撑于肩前方，双手握拳。呼气时，手臂用力带动身体向右移动，使泡沫轴滚动至靠近膝关节的位置；吸气时还原。反之亦然。

［**强度设计**］利用自身体重在泡沫轴上缓慢滚动 1～2 分钟。

［**注意事项**］注意收腹，不要塌腰；在滚动过程中如果有疼痛感，应在痛点上停留 20～30 秒，直到疼痛程度下降 50%～75%。

［**目标肌群**］股内侧肌、大收肌、股薄肌、耻骨肌、长收肌、短收肌。

9. 大腿后侧肌群（图 4-6）

a

b

c

d

e

图 4–6

［初始动作］坐姿，将泡沫轴置于腿后侧靠近臀部的位置。

［动作方法］双腿并拢伸直，离开地面；双手掌心向下，指尖向前，拇指向内。呼气时，手臂及腰腹用力带动身体向后移动，使泡沫轴滚动至靠近膝关节的位置；吸气时，身体向前移动。

［强度设计］利用自身体重在泡沫轴上缓慢滚动 1 ~ 2 分钟。

［注意事项］注意收腹，上下肢协调配合；在滚动过程中如果有疼痛感，应在痛点上停留 20 ~ 30 秒，直到疼痛程度下降 50% ~ 75%。

［目标肌群］股二头肌、半腱肌、半膜肌。

变换姿势

［难度增强］将泡沫轴置于双腿靠近臀部的位置，双腿交叉；双手置于臀部后方支撑。呼气时手臂带动身体向后移动，使泡沫轴滚动至靠近膝关节的位置。

10. 臀部肌群（图 4–7–1）

a

b

c

图 4-7-1

［初始动作］坐姿，将泡沫轴置于右侧臀部靠近下背部的位置。

［动作方法］手肘微屈，支撑于头部上方；左脚放在左膝上；右腿屈膝 90°，脚掌着地。呼气时，伸直左膝，身体向上移动，使泡沫轴滚动至臀部略向下的位置，吸气时还原。反之亦然。

［强度设计］利用自身体重在泡沫轴上缓慢滚动 1 ~ 2 分钟。

［注意事项］注意左手拉右膝时，使骨盆和躯干略向右转；在滚动过程中如果有疼痛感，应在痛点上停留 20 ~ 30 秒，直到疼痛程度下降 50% ~ 75%。

［目标肌群］臀大肌、臀中肌、臀小肌。

11. 臀部肌群（图 4-7-2）

a

b

c

图 4-7-2

[**初始动作**] 坐姿，将泡沫轴置于臀部靠近下背部的位置。

[**动作方法**] 手肘微屈，支撑于头部上方，屈膝，双脚着地，打开与肩同宽。双手用力带动身体向上下移动，使滚轴进行滚动。

[**强度设计**] 利用自身体重在泡沫轴上缓慢滚动 1～2 分钟。

[**注意事项**] 注意收腹，不要弓背；在滚动过程中如果有疼痛感，应在痛点上停留 20～30 秒，直到疼痛程度下降 50%～75%。

[**目标肌群**] 臀大肌、臀中肌、臀小肌。

12. 腰部肌群（图 4-8）

a

b

c

图 4-8

［**初始动作**］左侧卧，将泡沫轴放在左侧肋骨下方的位置。

［**动作方法**］弯曲左臂，前臂支撑于左肩前方；屈右臂，右手支撑于泡沫轴上；左腿伸直；屈右腿支撑于左腿后侧；臀部离地。呼气时，伸展左腿，带动身体向上移动，使泡沫轴移动至骨盆的位置。反之亦然。

［**强度设计**］利用自身体重在泡沫轴上缓慢滚动 1 ~ 2 分钟。

［**注意事项**］保持腰部始终在泡沫轴上；在滚动过程中如果有疼痛感，应在痛点上停留 20 ~ 30 秒，直到疼痛程度下降 50% ~ 75%。

［**目标肌群**］腰方肌、腹内斜肌、腹外斜肌。

13. 背部肌群（图 4-9-1）

a

b

c

d

e

图 4-9-1

[初始动作] 仰卧，将泡沫轴放在下背部的位置。

[动作方法] 双手抱头；弯曲双膝，双脚着地支撑，臀部抬离地面。呼气时，双腿用力伸展膝关节，带动身体向上移动，使泡沫轴滚动至肩胛骨略向下的位置；吸气时还原。

[强度设计] 利用自身体重在泡沫轴上缓慢滚动 1 ~ 2 分钟。

[注意事项] 注意臀部始终抬离地面；在滚动过程中如果有疼痛感，应在痛点上停留 20 ~ 30 秒，直到疼痛程度下降 50% ~ 75%。

[目标肌群] 菱形肌、竖脊肌。

14. 背部肌群（图 4-9-2）

a

b

c

图 4-9-2

[**初始动作**] 仰卧，平躺在竖放于地面的泡沫轴上。

[**动作方法**] 双手平举于身体两侧，抬离地面；屈双膝，双脚着地支撑。呼气时，手臂带动泡沫轴向身体左侧移动；吸气还原。反之亦然。

[**强度设计**] 利用自身体重在泡沫轴上缓慢滚动 1 ~ 2 分钟。

[**注意事项**] 注意臀部始终抬离地面；在滚动过程中如果有疼痛感，应在痛点上停留 20 ~ 30 秒，直到疼痛程度下降 50% ~ 75%。

[**目标肌群**] 菱形肌、竖脊肌。

15. 胸大肌（图 4–10）

a

b

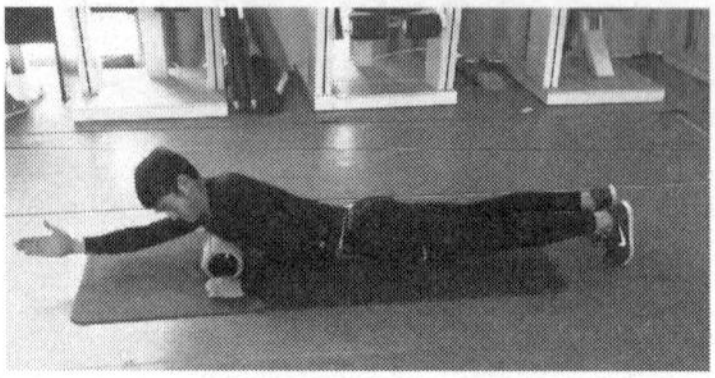

c

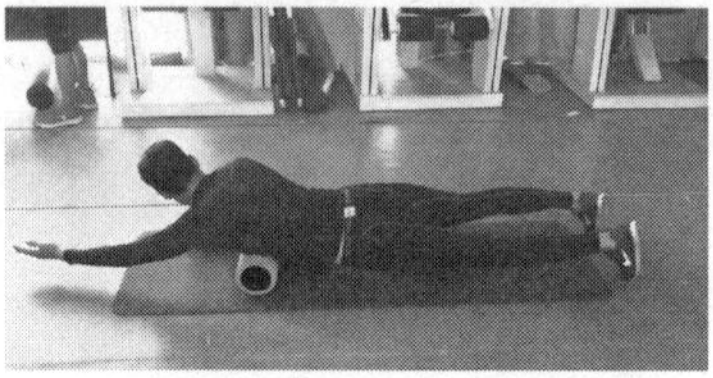

d

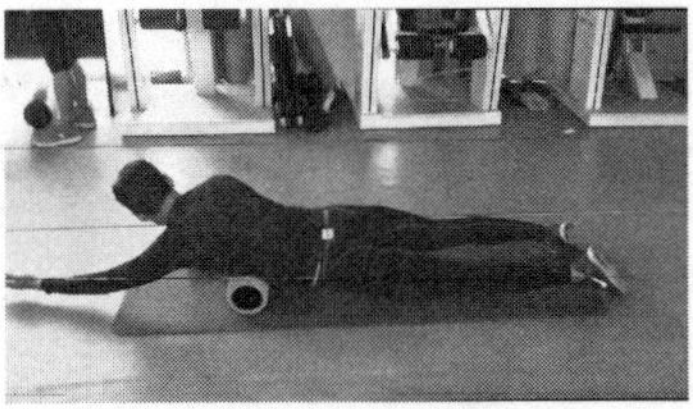

e

图 4–10

［初始动作］俯卧，将泡沫轴放在右侧下胸部的位置。

［动作方法］左臂向头顶的方向伸展，掌心向上；屈右臂支撑于胸部外侧，指尖向前；双腿伸直向后伸展，脚尖支撑地面；腹部抬离地面。呼气腿用力，使泡沫轴滚动至上胸部；吸气时还原。反之亦然。

［强度设计］利用自身体重在泡沫轴上缓慢滚动 1 ~ 2 分钟。

［注意事项］注意收腹，保持躯干的稳定；在滚动过程中如果有疼痛感，应在痛点上停留 20 ~ 30 秒，直到疼痛程度下降50% ~ 75%。

［目标肌群］胸大肌。

16. 肱三头肌（图 4–11）

a

b

c

图 4-11

［**初始动作**］左侧卧，将泡沫轴放在左臂靠近肱三头肌的位置。

［**动作方法**］双腿屈膝支撑，右手抓伸直的左臂的手腕。呼气时，手臂用力使泡沫轴滚动至靠近左肘关节处；吸气时还原。反之亦然。

［**强度设计**］利用自身体重在泡沫轴上缓慢滚动 1 ~ 2 分钟。

［**注意事项**］注意身体向后移动过程中，躯干成微屈状态；在滚动过程中如果有疼痛感，应在痛点上停留 20 ~ 30 秒，直到疼痛程度下降 50% ~ 75%。

［**目标肌群**］肱三头肌。

17. 肱二头肌（图 4-12）

a　　　　b

c

图 4–12

[**初始动作**] 俯卧跪姿，将泡沫轴竖放于体侧。

[**动作方法**] 左臂向外水平打开，掌心向下，将泡沫轴竖放于靠近肘关节的位置；屈右臂撑于右肩外侧；屈双膝跪地，大小腿折叠大于 90°，脚尖支撑。呼气时，右臂带动身体向右移动，使泡沫轴滚动至靠近肩关节处；吸气时还原。反之亦然。

[**强度设计**] 利用自身体重在泡沫轴上缓慢滚动 1 ~ 2 分钟。

[**注意事项**] 膝关节受伤者可以在关节下方铺上毛毯以减少压力；注意收腹；在滚动过程中如果有疼痛感，应在痛点上停留 20 ~ 30 秒，直到疼痛程度下降 50% ~ 75%。

[**目标肌群**] 肱二头肌。

变换姿势

[**难度增强**] 以双腿向后伸展，前脚掌支撑代替屈膝跪立姿势。

18. 肩袖肌群（图 4–13）

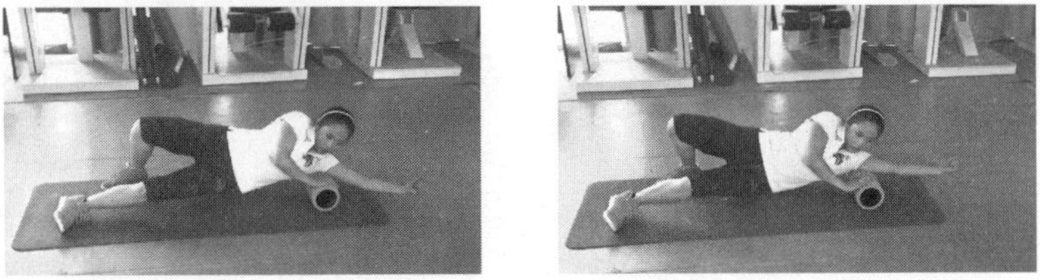

a　　b

c

图 4–13

［初始动作］左侧卧，将泡沫轴放在左肩胛骨边缘的位置。

［动作方法］左臂伸直置于肩上方，拳心向上；屈右臂支撑于胸部前方；双腿并拢同时右腿屈膝 90° 支撑，髋关节离地。呼气时，手臂用力使泡沫轴滚动至靠近左肘关节处；吸气时还原。反之亦然。

［强度设计］利用自身体重在泡沫轴上缓慢滚动 1 ~ 2 分钟。

［注意事项］注意在身体向后移动过程中，躯干成微屈状态；在滚动过程中如果有疼痛感，应在痛点上停留 20 ~ 30 秒，直到疼痛程度下降 50% ~ 75%。

［目标肌群］冈上肌、冈下肌、小圆肌和肩胛下肌。

19. 前臂肌群（图 4–14）

a

b

c

d

图 4–14

［初始动作］ 跪姿，将泡沫轴放在左前臂靠近肘关节的位置。

［动作方法］ 屈左臂，掌心向上；右手压于左前臂上；屈双膝，小腿跪地支撑。手臂推动泡沫轴上下滚动，反之亦然。然后翻转掌心向下，手臂用力使滚轴上下移动。反之亦然。

［强度设计］ 利用自身体重在泡沫轴上缓慢滚动 1 ~ 2 分钟。

［注意事项］ 注意下半身姿势的固定，维持身体的稳定；在滚动过程中如果有疼痛感，应在痛点上停留 20 ~ 30 秒，直到疼痛程度下降 50% ~ 75%。

［目标肌群］ 肱桡肌、旋前圆肌、桡侧腕屈肌、尺侧腕屈肌、掌长肌、指浅屈肌。

20. 颈后肌群（图 4–15）

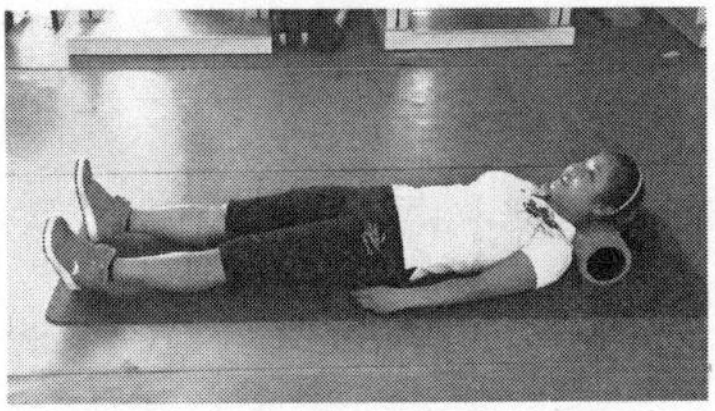

a

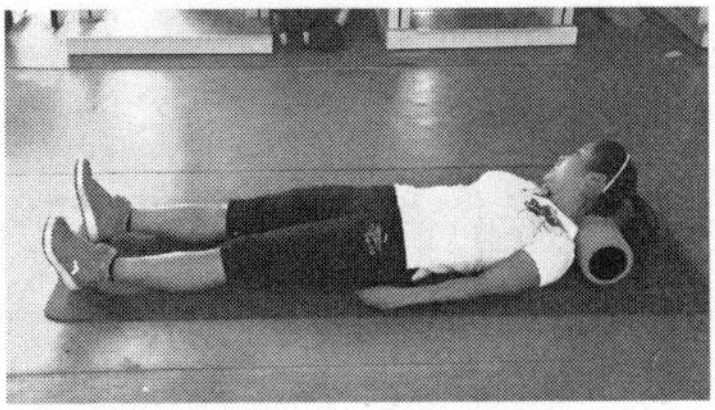

b

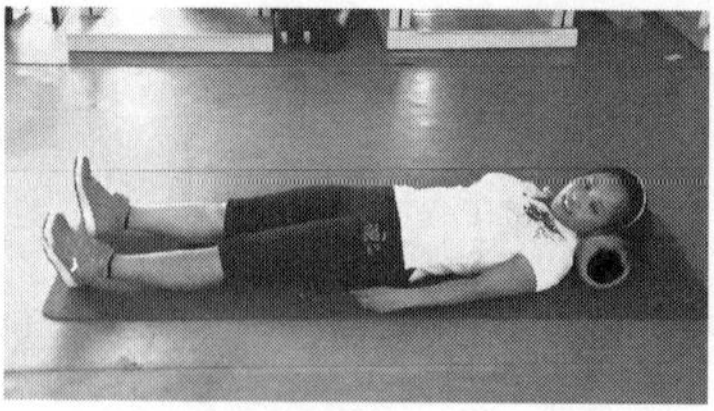

c

图 4–15

［初始动作］仰卧，将泡沫轴横放在颈部后侧。

［动作方法］双腿伸直；双臂置于体侧，然后头部向两侧缓慢扭转。

［强度设计］利用自身体重在泡沫轴上缓慢滚动 1 ~ 2 分钟。

［注意事项］在整个运动过程中泡沫轴保持不动，注意放松肩膀；下颚内收；在滚动过程中如果有疼痛感，应在痛点上停留 20 ~ 30 秒，直到疼痛程度下降 50% ~ 75%。

［目标肌群］颈长肌、头长肌、胸锁乳突肌、斜角肌。

五、泡沫轴与其他训练器材相结合

练习者通过一段时间的训练，在熟练掌握单器械（泡沫轴）技术动作的基础上，可以结合其他器械，如小哑铃、实心球、悬吊、弹力带等进行练习，提高其练习的强度和难度，从而有效地提高各方面的身体素质。

（一）泡沫轴与泡沫轴的组合训练

1. 双轴屈膝下蹲（图 5–1）

a

b

c

d

e

图 5–1

［初始动作］ 将半圆轴竖放于地面上，面对泡沫轴站立。

［动作方法］ 双脚站在泡沫轴上，手臂上举。呼气屈膝下蹲停留 2～3 秒，然后伸直膝盖呈站立姿势。

[**强度设计**] 次数：10～15 次，组数：2～3 组，间歇：30～60 秒。

[**注意事项**] 屈膝下蹲时，注意膝盖不要超过脚尖，防止膝关节受伤。

[**目标肌群**] 股四头肌、臀大肌、股二头肌、半腱肌、半膜肌、竖脊肌、梨状肌、大收肌。

2. 仰卧挺髋（图 5–2）

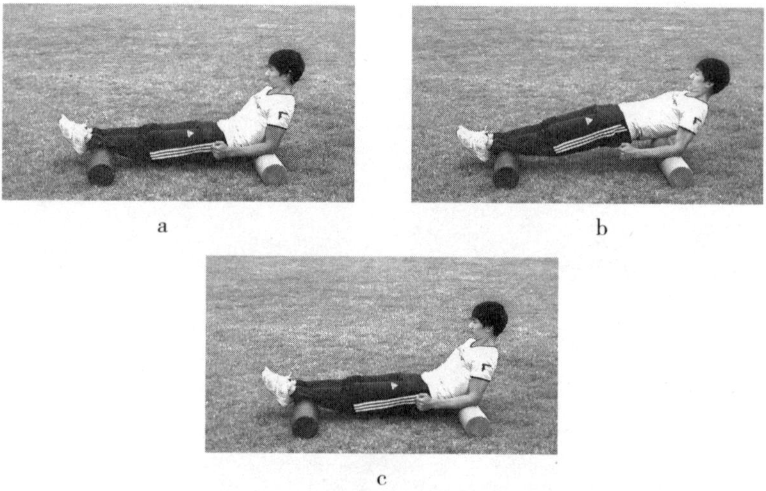

图 5–2

[**初始动作**] 坐立在地面上，双腿向前伸展，小腿置于泡沫轴上方，屈臂肘支撑于泡沫轴上，指尖指向臀部方向。

[**动作方法**] 臀部抬离地面，身体稳定后，臀部做上抬和下落的动作。

[**强度设计**] 次数：10～15 次，组数：2～3 组，间歇：30～60 秒。

[注意事项] 在动作完成过程中，注意不要屈膝，收紧腹部，加紧臀部。

[目标肌群] 三角肌、腹直肌、腹横肌、竖脊肌、股四头肌、腓肠肌。

3. 仰卧支撑交替抬腿（图 5-3）

a

b

c

图 5-3

[初始动作] 坐立在地面上，双腿向前伸展，小腿置于泡沫轴上方，屈臂肘支撑于泡沫轴上，指尖指向臀部方向。

[动作方法] 臀部抬离地面，身体稳定后，吸气时，右腿位置保持不动，左腿向上抬起稍作停留；呼气时还原，反之亦然。

[强度设计] 次数：10 ~ 15 次，组数：2 ~ 3 组，间歇：30 ~ 60 秒。

[注意事项] 在动作完成过程中，注意收紧腹部，加紧臀部。

[目标肌群] 三角肌、腹直肌、腹横肌、竖脊肌、股四头肌、腓肠肌。

4. 俯卧三角支撑（图 5–4）

a

b

c

d

图 5–4

[初始动作] 跪立在竖放于地面的两个泡沫轴上。

[动作方法] 双手双膝依次放在泡沫轴上，成四角支撑。身体稳定后，吸气时抬起左手臂，稍作停留，呼气时还原。然后依次做左腿、右臂及右腿抬起的动作。

[强度设计] 次数：10 ~ 15 次，组数：2 ~ 3 组，间歇：30 ~ 60 秒。

[注意事项] 注意不要塌腰，收紧腹部；建议手腕及下背部疼痛者不要做此动作。

[目标肌群] 三角肌、腹内斜肌、腹直肌、腹横肌、臀大肌、臀中肌、股直肌、股二头肌、大收肌。

5. 俯卧对侧腿臂支撑（图 5–5）

a

b

c

图 5–5

[初始动作] 跪立在竖放于地面的两个泡沫轴上。

[动作方法] 双手和双膝依次放在泡沫轴上，成四角支撑。身体稳定后，抬起左手臂和右腿，稍作停留。然后换另一侧练习。

[强度设计] 次数：10 ~ 15 次，组数：2 ~ 3 组，间歇：30 ~ 60 秒。

[注意事项] 注意不要塌腰，收紧腹部；建议手腕及下背部疼痛者不要做此动作；保持腿部向正后方伸直。

[目标肌群] 三角肌、腹内斜肌、腹直肌、腹横肌、臀大肌、臀中肌、股直肌、股二头肌、大收肌。

6. 泡沫轴弓箭步（图 5–6）

a b c d e

图 5–6

[**初始动作**] 双脚分别站在泡沫轴上。

[**动作方法**] 双脚前后站立；双手自然置于体侧。在控制身体平衡时，呼气屈右腿向下，大小腿尽量折叠 90°；左腿伸直；双臂侧平举；吸气时还原。

[**强度设计**] 次数：10 ~ 15 次，组数：2 ~ 3 组，间歇：30 ~ 60 秒。

[注意事项] 在运动过程中，注意膝盖不要超过脚尖；注意在身体维持平衡的状态下做动作。

[目标肌群] 股四头肌、股二头肌、腹直肌、腹横机、三角肌。

7. 多轴俯卧撑（图 5–7）

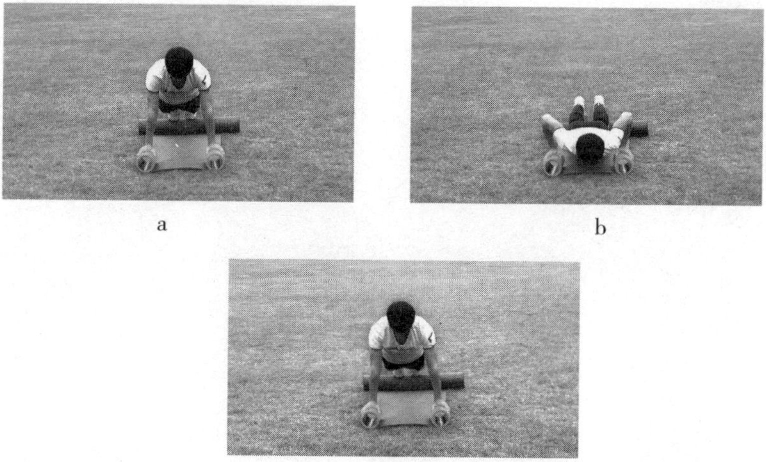

a　b　c

图 5–7

[初始动作] 俯卧撑姿势，手脚分别放在泡沫轴上。

[动作方法] 向下弯腰，直至双手掌心向下触摸到泡沫轴，此时双手在肩膀的正下方；双腿向后迈，双脚踩在泡沫轴上，伸展脚尖，使身体成一条直线。呼气时，弯曲肘部，身体压向地面，大小臂折叠约 90° 稍作停留；吸气时抬起身体，直至恢复到俯卧姿势。

[强度设计] 次数：10 ~ 15 次，组数：2 ~ 3 组，间歇：30 ~ 60 秒。

［注意事项］在运动中注意收紧腹部；伸直双腿。

［目标肌群］腹横肌、髂腰肌、腰方肌、腹内斜肌、臀大肌、股四头肌、三角肌、胸肌。

8. 俯卧对侧肘膝腹下触（图 5–8）

a

b

c

图 5–8

［初始动作］俯卧撑姿势，双手双脚支撑于泡沫轴上。

［动作方法］双手手腕在肩膀的正下方；双腿向后迈，双脚踩在泡沫轴上，使身体成一条直线。呼气时，同时弯曲对侧肘部和膝盖在腹部下方相碰触；吸气时抬起身体，直至恢复到俯卧姿势。反之亦然。

［强度设计］次数：10～15 次，组数：2～3 组，间歇：30～60 秒。

［注意事项］在运动中注意收紧腹部；伸直双腿。

［**目标肌群**］腹横肌、髂腰肌、腰方肌、竖脊肌、肱三头肌、三角肌、胸肌、股四头肌。

9. 俯卧对侧腿臂上抬（图 5–9）

a

b

c

图 5–9

［**初始动作**］俯卧撑姿势，双手双脚支撑于泡沫轴上。

［**动作方法**］双手手腕位于肩膀的正下方；双腿向后迈，双脚踩在泡沫轴上，使身体成一条直线。吸气时，右臂侧平举同时左腿向上抬起；呼气时恢复到俯卧姿势。反之亦然。

［**强度设计**］次数：10 ~ 15 次，组数：2 ~ 3 组，间歇：30 ~ 60 秒。

［**注意事项**］在运动中注意收紧腹部，不要塌腰；维持身体的稳定。

［**目标肌群**］腹横肌、髂腰肌、腰方肌、竖脊肌、肱三头肌、三角肌、胸肌、股四头肌、股二头肌。

10. 双轴腿部收拉练习（图 5-10）

a　b　c

图 5-10

[初始动作] 双脚分别站立于竖放在地面的泡沫轴上。

[动作方法] 双脚左右开立，脚尖朝外；双手臂平举。呼气时，腿部用力推动泡沫轴向两侧滚动，手臂侧平举；吸气时还原到起始位置。

[强度设计] 次数：10～15 次，组数：2～3 组，间歇：30～60 秒。

[注意事项] 在运动中注意收紧腹部；维持身体的稳定。

[目标肌群] 股内侧肌、半腱肌、半膜肌、腹横肌、髂腰肌、腰方肌、竖脊肌、三角肌。

11. 双人屈膝下蹲练习（图 5-11）

[初始动作] 两人分别站立横放在地面的泡沫轴上，双臂相互交叠。

a

b

c

图 5–11

［**动作方法**］呼气时，双人同时屈膝下蹲；吸气时还原到起始位置。

［**强度设计**］次数：10 ~ 15 次，组数：2 ~ 3 组，间歇：30 ~ 60 秒。

［**注意事项**］在运动中注意维持身体的稳定，膝盖不要超过脚尖。

［**目标肌群**］股四头肌、股二头肌、三角肌、腹直肌、竖脊肌、腓肠肌、比目鱼肌。

12. 双人角力（图 5–12）

a

b

c

图 5-12

［**初始动作**］两人面对面分别站立于横放在地面的泡沫轴上，身体呈半蹲状态，握住对方的手，另一侧手臂侧平举。

［**动作方法**］两个泡沫轴相隔 1 ~ 1.5 米，两脚分开与肩同宽，两人异侧手相握。身体稳定后，双方同时开始发力，直到有一人无法站稳从泡沫轴上掉下来，然后还原成起始姿势。

［**强度设计**］动作维持时间根据双方实力而定，动作重复 2 ~ 3 组。

［**注意事项**］注意开始时小幅度练习，逐渐增大动作的幅度。

［**目标肌群**］股四头肌、股二头肌、三角肌、肱二头肌、胸大肌、腹直肌、腓肠肌。

13. 双人太空步（图 5-13）

a

b

c　　　　d

图 5–13

［初始动作］两人面对面分别坐在竖放于地面的泡沫轴上，脚掌相对互相做蹬脚练习，两手支撑于体侧，上体稍微后仰。

［动作方法］两个泡沫轴相隔 1.5 ~ 2 米，两人一条腿伸直，小腿与地面保持平行；另一条腿屈膝尽量靠近胸部。将一腿“推”向对方，对方另一条腿则回收，二人成蹬自行车的模式，做反方向的练习。

［强度设计］次数：10 ~ 15 次，组数：2 ~ 3 组，间歇：30 ~ 60 秒。

［注意事项］注意保持核心区肌肉的紧张，避免腰部的塌陷。

［目标肌群］臀大肌、腹直肌、股四头肌、股二头肌。

14. 坐姿 V 形绕腿（图 5–14）

a　　　　b

c　　　　　d

图 5–14

[初始动作] 两人面对面分别坐在竖放于地面的泡沫轴上，双脚并拢抬离地面，两手支撑于体侧，上体稍微后仰。

[动作方法] 两个泡沫轴相隔 1.5 ~ 2 米，一人脚在上，另一人脚在下，然后互相做环绕动作，然后再交换环绕方向。

[强度设计] 次数：10 ~ 15 次，组数：2 ~ 3 组，间歇：30 ~ 60 秒。

[注意事项] 注意保持核心区肌肉的紧张，避免腰部的塌陷，如果脊柱发生弯曲，是缺乏力量的表现。

[目标肌群] 臀大肌、腹直肌、股四头肌、股二头肌。

15. 坐姿分腿绕环图（图 5–15）

a　　　　　b

c

d

e

f

图 5–15

［初始动作］两人面对面分别坐在竖放于地面的泡沫轴上，双脚并拢抬离地面，两手支撑于体侧，上体稍微后仰。

［动作方法］两个泡沫轴相隔 1.5 ~ 2 米，一人脚在上，另一人脚在下，然后分腿做互相环绕动作，然后再交换环绕方向。

［强度设计］次数：10 ~ 15 次，组数：2 ~ 3 组，间歇：30 ~ 60 秒。

［注意事项］注意收腹，避免腰部的塌陷。

［目标肌群］臀大肌、腹直肌、股四头肌、股二头肌。

16. 双人模仿秀（图 5–16）

a

b

c

d

e

f

g

图 5–16

[初始动作] 两人面对面分别站立横放在地面的泡沫轴上。

[动作方法] 两个泡沫轴相隔 1 ~ 1.5 米，两脚分开与肩宽。一人做动作，一人模仿。主动者随意做动作，模仿者尽可能去模仿动作。每 20 ~ 30 秒交换角色。

[强度设计] 动作可以自由变换，动作重复 2 ~ 3 组。

[注意事项] 注意开始时小幅度练习，逐渐增大动作的幅度，此动作能很好地增强平衡力和身体反应能力。

[目标肌群] 臀大肌、腹直肌、股四头肌、股二头肌、腓肠肌、比目鱼肌。

（二）泡沫轴与瑞士球的组合练习

1. 直臂俯卧三点支撑（图 6–1）

a　b

c

图 6–1

［初始动作］俯卧撑预备姿势。

［动作方法］双手压在泡沫轴上，双臂打开与肩同宽；双腿向后伸展，前脚掌踩在瑞士球上。注意腹部收缩，保持脊椎中立位，使身体成一条直线。呼气时，弯曲肘部，身体压向地面，大小臂折叠约 90° ，停留 2~3 秒；吸气时抬起身体，直至恢复到俯卧姿势。

［强度设计］次数：10~15 次，组数：2~3 组，间歇：30~60 秒。

［注意事项］保持腹部收缩，避免塌腰和臀部上抬。

[目标肌群] 腹横肌、髂腰肌、腰方肌、腹内斜肌、臀大肌、股四头肌、三角肌、胸肌。

变换姿势

[难度降低] 成俯卧撑姿势，静力支撑，双臂始终保持伸直状态，注意收腹。

[难度增强] 双手分别压在两个泡沫轴上，双脚踩在泡沫轴上做俯卧撑。

2. 仰卧两头起（图 6-2）

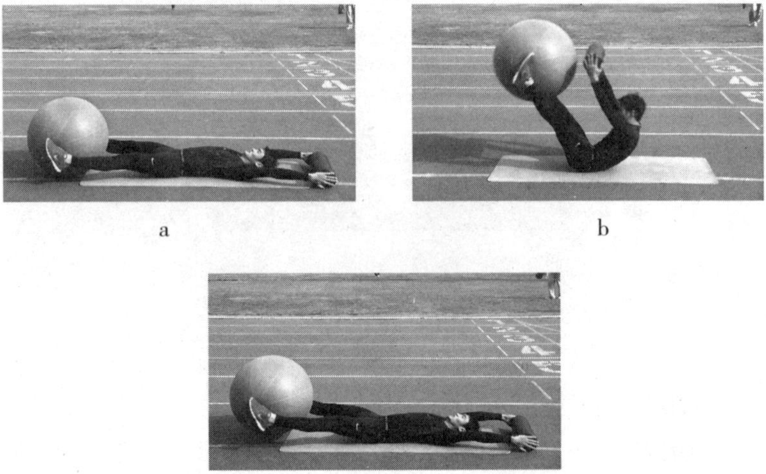

a　　b

c

图 6-2

[初始动作] 仰卧平躺，双手持泡沫轴置于头顶，双脚夹球。

[动作方法] 双腿伸直，呼气时收腹，将上半身和双腿同时抬离地面，双臂向腿部的方向延展，使整个身体形成 V 形，

停留 2~3 秒；吸气时还原。

［**强度设计**］次数：10~15 次，组数：2~3 组，间歇：30~60 秒。

［**注意事项**］在动作完成过程中，注意收紧腹部核心肌肉，使双腿保持笔直。

［**目标肌群**］腹直肌、腹横肌、腹内斜肌、股四头肌。

3. 仰卧夹球举腿（图 6–3）

a　b　c　d

图 6–3

［**初始动作**］仰卧，将泡沫轴横放于臀部下方。

［**动作方法**］双臂打开支撑于体侧，掌心向下，双腿向前伸展，且双腿直腿夹球。吸气时，双腿夹球慢慢向上抬起且与地面垂直，停留 2~3 秒；呼气时慢慢地下放还原。

［**强度设计**］次数：10~15 次，组数：2~3 组，间歇：30~60 秒。

［**注意事项**］在动作完成过程中，始终保持腿部伸直；注意收腹。

［**目标肌群**］腹直肌、腹横肌、髂腰肌、髂肌、腹内斜肌、臀大肌、臀中肌、股四头肌。

4. 双手持球仰卧起坐（图 6–4）

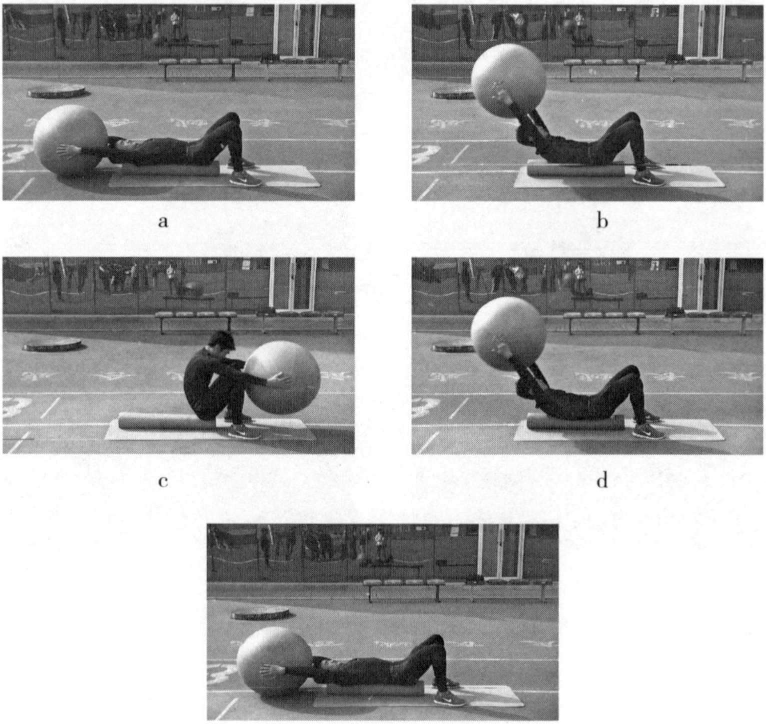

a　b　c　d　e

图 6–4

［**初始动作**］仰卧，平躺在泡沫轴上。

［**动作方法**］双腿屈膝，双脚平放于地面作支撑，双手持

球放于头顶正上方。双脚支撑地面，抬起手臂、头部和肩膀，腹部尽量靠近大腿停留 2~3 秒，然后慢慢放下还原。

[强度设计] 次数：10~15 次，组数：2~3 组，间歇：30~60 秒。

[注意事项] 在动作完成过程中，注意收腹。

[目标肌群] 腹直肌、腹横肌、腹内侧肌、腹外侧肌、肱三头肌。

5. 仰卧夹球举腿旋转（图 6–5）

a　b　c　d　e

图 6–5

[初始动作] 仰卧，将泡沫轴横放于臀部下方。

[动作方法] 双臂打开支撑于体侧，掌心向下，双腿向前伸展，且双腿直腿夹球。吸气时，双腿夹球慢慢向上抬起，且与地面垂直，停留 2~3 秒；呼气时逆时针转动双脚至最大限度。吸气还原，呼气时双腿慢慢下落。反之亦然。

[强度设计] 次数：10~15 次，组数：2~3 组，间歇：30~60 秒。

[注意事项] 在动作完成过程中，始终保持腿部伸直；注意收腹。

[目标肌群] 腹直肌、腹横肌、髂腰肌、髂肌、腹内斜肌、腹外斜肌、股四头肌。

（三）泡沫轴与实心球组合训练

1. 泡沫轴单人持球仰卧起坐（图 7-1）

a

b

c

d

e

f

图 7–1

[初始动作] 仰卧，平躺在泡沫轴上。

[动作方法] 双手持球置于头部上方；双腿屈膝打开与髋同宽，双脚支撑地面稳定身体。吸气时，卷腹向上，抬起头部、肩部及上背部，将球置于两腿之间的地面上；呼气时慢慢下落还原。再次吸气时卷腹向上，扭转身体向左，将球置于右腿外侧的地面，呼气时还原，然后做右侧扭转球触地。

[强度设计] 次数：10 ~ 15 次，组数：2 ~ 3 组，间歇：30 ~ 60 秒。

[注意事项] 在整个运动过程中注意收腹。

[目标肌群] 腹直肌、腹横肌、腹内斜机、腹外斜肌、前锯肌、三角肌、肱三头肌、斜方肌。

2. 泡沫轴单人仰卧起坐转体（图 7–2）

a

b

c　　　　d

图 7–2

［初始动作］仰卧，平躺在泡沫轴上。

［动作方法］双手持球置于头顶；双腿屈膝打开与髋同宽，双脚支撑地面稳定身体。吸气时，卷腹向上，上半身抬离泡沫轴，同时手臂置于胸前与地面保持平行，然后身体向右侧扭转，之后回到胸前；呼气时还原。反之亦然。

［强度设计］次数：10 ~ 15 次，组数：2 ~ 3 组，间歇：30 ~ 60 秒。

［注意事项］在整个运动过程中注意收腹。

［目标肌群］腹直肌、腹横肌、腹内斜肌、腹外斜肌、肱二头肌。

3. 泡沫轴单人仰卧起坐直臂抛球（图 7–3）

a　　　　b

c

d

e

图 7-3

［初始动作］ 仰卧，平躺在泡沫轴上。

［动作方法］ 双手持球置于头顶；双腿屈膝打开与髋同宽，双脚支撑地面稳定身体。吸气时卷腹向上，上半身抬离泡沫轴，呼气时直臂将球抛向前上方。

［强度设计］ 次数：10～15 次，组数：2～3 组，间歇：30～60 秒。

［注意事项］ 在整个运动过程中注意收腹。

［目标肌群］ 腹直肌、腹横肌、腹内斜肌、腹外斜肌、肱二头肌。

4. 泡沫轴单人持球屈膝下蹲（图 7-4）

［初始动作］ 直立，双手持球站在泡沫轴上。

a

b

c

图 7–4

［动作方法］双手持球置于胸前，前平举；双腿打开与肩同宽，脚尖朝前。呼气时，屈膝下蹲，大小腿尽量折叠为 90°夹角；吸气时还原。

［强度设计］次数：10 ~ 15 次，组数：2 ~ 3 组，间歇：30 ~ 60 秒。

［注意事项］注意膝关节不要超过脚尖。

［目标肌群］股四头肌、臀大肌、腘绳肌、竖脊肌。

5. 泡沫轴单人球绕体（图 7–5）

a

b

c

d

e

f

图 7–5

［**初始动作**］直立，双手持球站在泡沫轴上。

［**动作方法**］双手持球置于胸前；双腿打开与肩同宽，脚尖朝前。在身体稳定后，双手持球在头上、腰间绕环及双腿间八字绕环。

［**强度设计**］次数：10～15 次，组数：2～3 组，间歇：30～60 秒。

［**注意事项**］注意膝关节不要超过脚尖。

［**目标肌群**］股四头肌、臀大肌、腘绳肌、竖脊肌。

6. 泡沫轴双人坐姿背对背传接球（图 7–6）

a

b

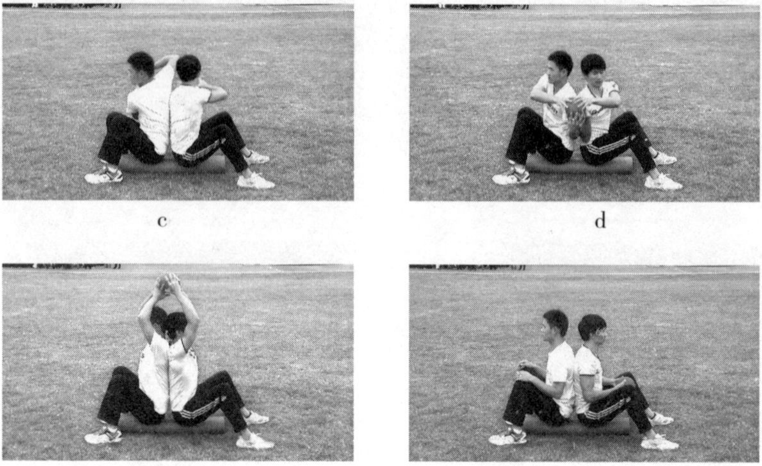

c d e f

图 7–6

[初始动作] 双人背对背坐在泡沫轴上。

[动作方法] 双腿屈膝打开与髋同宽，双脚支撑地面稳定身体；一人双手胸前持球。吸气时，手臂上举然后向后把球传给同伴，呼气时还原；同伴接到球后向右（左）扭转身体将球传给对方。

[强度设计] 次数：10 ~ 15 次，组数：2 ~ 3 组，间歇：30 ~ 60 秒。

[注意事项] 在整个运动过程中注意收腹，维持身体的稳定。

[目标肌群] 腹直肌、腹横肌、腹斜肌、竖脊肌、前锯肌、三角肌、肱三头肌、斜方肌。

7. 泡沫轴双人站立面对面接抛球（图 7–7）

[初始动作] 双人面对面站立在泡沫轴上。

a

b

c

d

e

图 7–7

[动作方法] 双脚踩在泡沫轴上，打开与肩同宽；双手持球于胸前。在身体稳定后将球抛给同伴，然后同伴再将球传给对方。

[强度设计] 次数：10 ~ 15 次，组数：2 ~ 3 组，间歇：30 ~ 60 秒。

[注意事项] 在整个运动过程中注意收腹，注意球在空中的滑翔轨迹的稳定性。

[目标肌群] 腹直肌、腹横肌、三角肌、肱二头肌、斜方肌、股二头肌、半腱肌、半膜肌、股四头肌、腓肠肌、比目鱼肌。

8. 泡沫轴双人站立背对背头上胯下传接球（图 7–8）

a

b

c

d

图 7–8

［初始动作］ 双人背对背站立在泡沫轴上。

［动作方法］ 双脚踩在泡沫轴上，打开与肩同宽；一人双手持球于胸前。在身体稳定后将球上举传给同伴，然后同伴再将球从胯下传给对方。

［强度设计］ 次数：10 ~ 15 次，组数：2 ~ 3 组，间歇：30 ~ 60 秒。

［注意事项］ 在整个运动过程中注意收腹及球在空中的滑翔轨迹的稳定性。

［目标肌群］ 腹直肌、腹横肌、竖脊肌、三角肌、肱二头肌、斜方肌、股二头肌、半腱肌、半膜肌、股四头肌、腓肠肌、比目鱼肌。

9. 泡沫轴双人同侧站立接抛球（图 7–9）

a

b

c

d

e

f

图 7–9

[初始动作] 双人左右站立在泡沫轴上。

[动作方法] 双脚踩在泡沫轴上，打开与肩同宽；一人双手持球于胸前。在身体稳定后将球从身体的左侧传给右侧同伴，然后同伴再将球传给对方。

[强度设计] 次数：10 ~ 15 次，组数：2 ~ 3 组，间歇：30 ~ 60 秒。

[**注意事项**] 在整个运动过程中注意收腹及球在空中的滑翔轨迹的稳定性。

[**目标肌群**] 腹直肌、腹横肌、腹斜肌、三角肌、肱二头肌、斜方肌、股二头肌、半腱肌、半膜肌、股四头肌、腓肠肌、比目鱼肌。

10. 泡沫轴双人跪立面对面接抛球（图 7–10）

a b c d e f

图 7–10

［**初始动作**］双人面对面单膝跪立在泡沫轴上。

［**动作方法**］双腿前后开立，前腿大小腿折叠 90°，大腿与地面保持平行，脚踩在泡沫轴上，后腿屈膝 90°，膝关节压泡沫轴上；一人双手持球于胸前。在身体稳定后将球抛给同伴，然后同伴再将球传给对方。

［**强度设计**］次数：10～15 次，组数：2～3 组，间歇：30～60 秒。

［**注意事项**］在整个运动过程中注意收腹，靠身体发力；注意膝盖不要超过脚尖。

［**目标肌群**］腹直肌、腹横肌、前锯肌、三角肌、肱二头肌、斜方肌、股二头肌、股四头肌。

11. 泡沫轴双人同侧坐姿接抛球（图 7-11）

a

b

c

d

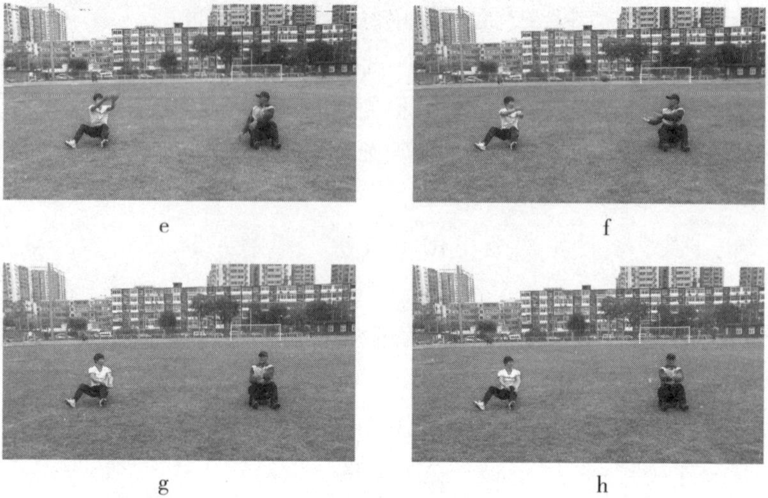

e　f　g　h

图 7-11

[初始动作] 双人左右分别坐在泡沫轴上。

[动作方法] 一人双手持球置于胸前；双腿屈膝打开与髋同宽，双脚支撑地面稳定身体，身体微向后仰。然后持球方将球置于体侧抛出；接球方顺势伸出手臂接住对方来球并回收置体侧准备传球，之后实心球被再次抛出，同伴接球。

[强度设计] 次数：10～15 次，组数：2～3 组，间歇：30～60 秒。

[注意事项] 在整个运动过程中注意收腹，不要塌腰；注意球在空中的滑翔轨迹的稳定性。

[目标肌群] 腹直肌、腹横肌、前锯肌、三角肌、肱三头肌、斜方肌。

12. 泡沫轴双人面对面坐姿接抛球（图 7-12）

[初始动作] 双人面对面坐在泡沫轴上。

a

b

c

d

e

f

g

h

图 7–12

[动作方法] 双手持球置于胸前；双腿屈膝打开与髋同宽，双脚支撑地面稳定身体，身体微向后仰。然后持球方将球从胸前抛出；接球方顺势伸出手臂接住对方来球之后实心球被再次

抛出，同伴接球。

［**强度设计**］次数：10～15 次，组数：2～3 组，间歇：30～60 秒。

［**注意事项**］在整个运动过程中注意收腹，不要塌腰；注意球在空中的滑翔轨迹的稳定性。

［**目标肌群**］腹直肌、腹横肌、腹斜肌、竖脊肌、三角肌、肱三头肌。

13. 泡沫轴跪立面对面直臂抛球（图 7-13）

a　b　c　d　e

图 7-13

[初始动作] 双人面对面跪在泡沫轴上。

[动作方法] 两人屈双膝跪在泡沫轴上，双腿打开与肩同宽。抛球方双手持球将实心球置于头顶，呼气时核心区肌肉发力，通过力量传递由双手将球抛出，另一方接球。然后交换练习。

[强度设计] 次数：10～15 次，组数：2～3 组，间歇：30～60 秒。

[注意事项] 在整个运动过程中注意体会腹部核心肌群用力。

[目标肌群] 腹直肌、腹横肌、前锯肌、三角肌、肱三头肌、斜方肌、股四头肌、股二头肌。

（四）泡沫轴与小哑铃组合训练

1. 仰卧哑铃屈臂侧举（图 8–1）

a

b

c

图 8–1

［**初始动作**］仰卧，平躺在竖放于地面的泡沫轴上。

［**动作方法**］肩膀和臀部与泡沫轴贴合。双手持哑铃，手臂侧平举伸直，掌心向上；双腿屈膝，双脚支撑。吸气时，屈肘哑铃移动至靠近肩关节上方的位置；呼气时还原。

［**强度设计**］次数：10～15 次，组数：2～3 组，间歇：30～60 秒。

［**注意事项**］保持身体重心的稳定，注意调整呼吸。

［**目标肌群**］肱二头肌、胸大肌、三角肌、背阔肌、腹直肌、腹横肌、腹内斜肌、腹外斜肌。

2. 仰卧哑铃胸前上举（图 8-2）

a

b

c

d

e

图 8-2

［初始动作］仰卧，平躺在竖放于地面的泡沫轴上。

［动作方法］肩膀和臀部与泡沫轴贴合。双手持哑铃，手臂侧平举；双腿屈膝，双脚平放于地面作支撑。吸气时，屈肘哑铃上举置于胸部上方，手臂伸直且与肩同宽；呼气时还原。

［强度设计］次数：10～15 次，组数：2～3 组，间歇：30～60 秒。

［注意事项］保持身体重心的稳定，注意调整呼吸。

［目标肌群］胸大肌、三角肌、背阔肌、腹直肌、腹横肌、腹内斜肌、腹外斜肌。

3. 仰卧哑铃直臂上抬（图 8–3）

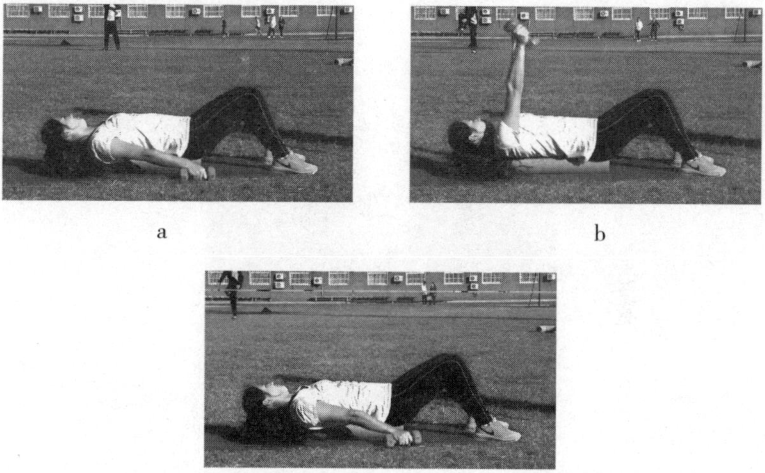

a　　b　　c

图 8–3

［初始动作］仰卧，平躺在竖放于地面的泡沫轴上。

［动作方法］肩膀和臀部与泡沫轴贴合。双手持哑铃，双臂置于体侧，掌心向下；双腿屈膝，双脚平放于地面作支撑。

吸气时，哑铃上举置于胸部上方，手臂伸直且与肩同宽；呼气时还原。

[**强度设计**] 次数：10 ~ 15 次，组数：2 ~ 3 组，间歇：30 ~ 60 秒。

[**注意事项**] 保持身体重心的稳定，注意调整呼吸。

[**目标肌群**] 胸大肌、三角肌、背阔肌、腹直肌、腹横肌、腹内斜肌、腹外斜肌。

4. 仰卧飞鸟展翅（图 8-4-1）

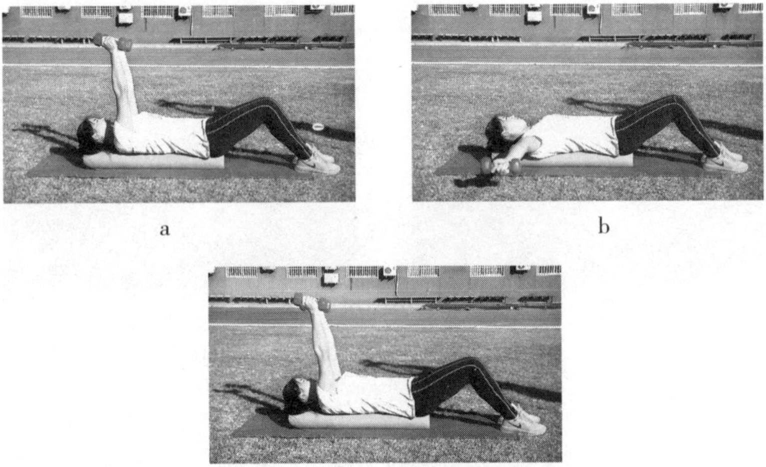

a　　b

c

图 8-4-1

[**初始动作**] 仰卧，平躺在竖放于地面的泡沫轴上。

[**动作方法**] 肩膀和臀部与泡沫轴贴合。双手持哑铃，置于胸部上方，掌心相对，手臂伸直且与肩同宽；双腿屈膝，双脚平放于地面作支撑。呼气时，双手向两侧打开且与地面保持平行；吸气时还原。

［强度设计］次数：10～15 次，组数：2～3 组，间歇：30～60 秒。

［注意事项］保持身体重心的稳定，注意调整呼吸。

［目标肌群］胸大肌、三角肌、肱二头肌、背阔肌、腹直肌、腹横肌、腹内斜肌、腹外斜肌。

5. 仰卧飞鸟展翅（图 8-4-2）

a

b

c

d

e

图 8-4-2

[初始动作] 仰卧，平躺在竖放于地面的泡沫轴上。

[动作方法] 肩膀和臀部与泡沫轴贴合。双手持哑铃，双臂交叉置于腹部上方，掌心向下；双腿屈膝，双脚平放于地面作支撑。呼气时，双臂仍保持交叉状态，双臂经前上方至胸部正上方后，向两侧打开且与地面保持平行；吸气时还原。

[强度设计] 次数：10～15 次，组数：2～3 组，间歇：30～60 秒。

[注意事项] 保持身体重心的稳定，注意调整呼吸。

[目标肌群] 胸大肌、三角肌、背阔肌、腹直肌、腹横肌、腹内斜肌、腹外斜肌。

6. 仰卧哑铃头上举（图 8–5）

a

b

c

图 8–5

［**初始动作**］仰卧，平躺在竖放于地面的泡沫轴上。

［**动作方法**］肩膀和臀部与泡沫轴贴合。双手持哑铃，伸直手臂侧平举，掌心向上；双腿屈膝，双脚平放于地面作支撑。吸气时，双手经体侧向头顶正上方移动；呼气时还原。

［**强度设计**］次数：10～15 次，组数：2～3 组，间歇：30～60 秒。

［**注意事项**］保持身体重心的稳定，注意调整呼吸。

［**目标肌群**］胸大肌、三角肌、肱三头肌、背阔肌、腹直肌、腹横肌、腹内斜肌、腹外斜肌。

7. 仰卧哑铃头上剪举（图 8–6）

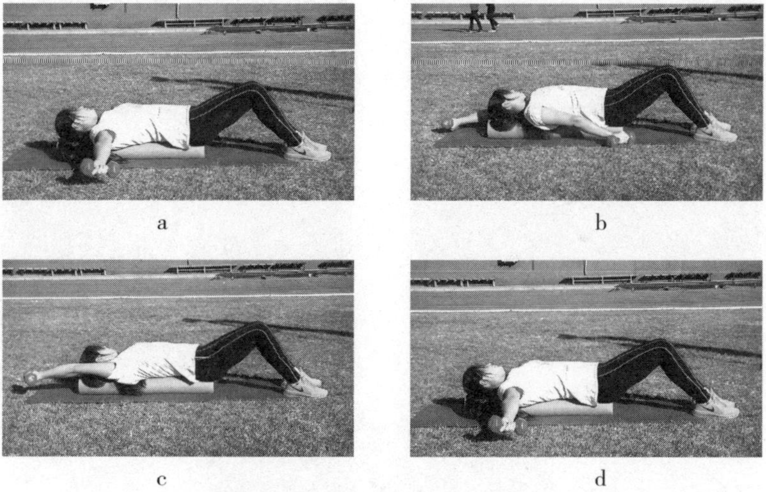

图 8–6

［**初始动作**］仰卧，平躺在竖放于地面的泡沫轴上。

［**动作方法**］肩膀和臀部与泡沫轴贴合。双手持哑铃，右臂置于头顶，掌心向上；左臂置于体侧，掌心向下；双腿屈

膝，双脚平放于地面作支撑。呼气时，双臂绕额状轴画弧，交换手臂位置；呼气时还原。

[**强度设计**] 次数：10 ~ 15 次，组数：2 ~ 3 组，间歇：30 ~ 60 秒。

[**注意事项**] 保持身体重心的稳定，注意调整呼吸。

[**目标肌群**] 胸大肌、三角肌、肱二头肌、肱三头肌、背阔肌、腹直肌、腹横肌、腹内斜肌、腹外斜肌。

8. 坐姿持哑铃扭转（图 8–7）

a b c d e

图 8–7

［初始动作］坐姿，臀部坐在竖放于地面的泡沫轴上。

［动作方法］双手持哑铃，掌心相对；双腿屈膝，双脚支撑。呼气时，左臂带动身体向左侧扭转，眼睛向前看；吸气时还原。反之亦然。

［强度设计］次数：10～15 次，组数：2～3 组，间歇：30～60 秒。

［注意事项］在整个运动过程中注意收腹，维持身体的稳定。

［目标肌群］腹直肌、腹横肌、腹内斜肌、腹外斜肌、前锯肌、三角肌、肱三头肌、斜方肌、腘绳肌。

9. 弓箭步哑铃前平举（图 8–8）

a　b　c　d　e

图 8–8

[初始动作] 直立，双手持哑铃置于体侧。

[动作方法] 左腿向前迈一步，踩在横放于地面的泡沫轴上；右腿向后伸展成弓箭步。吸气时，双手前平举，掌心向下，呼气时还原。反之亦然。

[注意事项] 在整个运动过程中注意收腹，维持身体的稳定；膝盖不要超过脚尖。

[目标肌群] 腹直肌、腹横肌、臀大肌、臀中肌、股四头肌、腓肠肌、比目鱼肌、三角肌。

10. 弓箭步哑铃臂上举（图 8–9）

a b c d e

图 8–9

[初始动作] 直立，双手持哑铃置于体侧。

[动作方法] 双腿前后分开成弓箭步站立，右脚踩在泡沫轴上，右腿大小腿尽量折叠 90°，后腿伸直，双臂抬平与肩同高。吸气时，下肢保持不动，双臂前平举，然后再向上高举过头顶，掌心相对；呼气时还原。反之亦然。

[强度设计] 次数：10 ~ 15 次，组数：2 ~ 3 组，间歇：30 ~ 60 秒。

[注意事项] 在整个运动过程中注意收腹，维持身体的稳定；膝盖不要超过脚尖。

[目标肌群] 腹直肌、腹横肌、臀大肌、臀中肌、股四头肌、腓肠肌、比目鱼肌、胸肌、三角肌。

11. 弓箭步哑铃手臂屈伸（图 8–10）

a

b

c

d

e

图 8-10

[初始动作] 直立，双手持哑铃置于体侧。

[动作方法] 双腿前后分开成弓箭步站立，右脚踩在泡沫轴上，右腿大小腿尽量折叠 90° ，后腿伸直。吸气时，下肢固定，双臂前平举，掌心向上，然后屈手肘向内，上臂和前臂尽量折叠在一起，呼气时还原。反之亦然。

[强度设计] 次数：10 ~ 15 次，组数：2 ~ 3 组，间歇：30 ~ 60 秒。

[注意事项] 在整个运动过程中注意收腹，维持身体的稳定；膝盖不要超过脚尖。

[目标肌群] 腹直肌、腹横肌、臀大肌、臀中肌、股四头肌、腓肠肌、比目鱼肌、肱二头肌。

12. 弓箭步持哑铃屈臂转动（图 8-11）

a

b

c　　　　　　　　d

e

图 8–11

[**初始动作**] 直立，双手持哑铃置于体侧。

[**动作方法**] 双腿前后分开成弓箭步站立，右脚踩在泡沫轴上，右腿大小腿尽量折叠 90°，后腿伸直。吸气时，下肢固定，双臂前平举，掌心相对，然后屈双臂，向右侧转动躯干，眼睛目视前方。呼气向前转动躯干，然后向左侧转动躯干。

[**强度设计**] 次数：10 ~ 15 次，组数：2 ~ 3 组，间歇：30 ~ 60 秒。

[**注意事项**] 在整个运动过程中注意收腹，维持身体的稳定；膝盖不要超过脚尖。

[**目标肌群**] 腹直肌、腹横肌、腹斜肌、臀大肌、臀中肌、股四头肌、腓肠肌、比目鱼肌、三角肌。

13. 直立哑铃屈臂平抬（图 8-12）

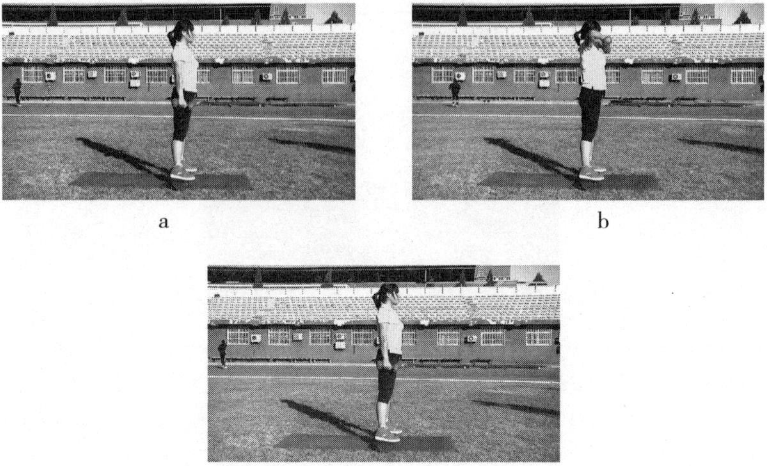

a　b　c

图 8-12

［**初始动作**］双脚站立于横放在地面的泡沫轴上，双手持哑铃置于体侧。

［**动作方法**］双脚打开与肩同宽，手臂自然垂放于体侧。吸气时双臂弯曲置于体前，与肩同高；呼气时还原。

［**强度设计**］次数：10～15 次，组数：2～3 组，间歇：30～60 秒。

［**注意事项**］在整个运动过程中注意腿部核心部位肌肉的紧张。

［**目标肌群**］股直肌、股二头肌、腹直肌、腹横肌、竖脊肌、三角肌。

14. 直立哑铃直臂上举（图 8-13）

a　b　c　d　e

图 8-13

［**初始动作**］双脚站立于横放在地面的泡沫轴上，双手持哑铃置于体侧。

［**动作方法**］双脚打开与肩同宽，手臂自然垂放于体侧。吸气时直臂前平举，与肩同高，然后再向上提举哑铃到头顶的位置，向后拉伸双臂；呼气时手臂前平举，重复几次动作后还原到起始位置。

［**强度设计**］次数：10～15 次，组数：2～3 组，间歇：30～60 秒。

［**注意事项**］在整个运动过程中注意腿部核心区肌肉的紧张，维持身体稳定。

［**目标肌群**］股直肌、股二头肌、腹直肌、腹横肌、竖脊肌、三角肌。

15. 直立哑铃侧平举（图 8-14-1）

a　b　c　d　e

图 8-14-1

[初始动作] 双脚站立于横放在地面的泡沫轴上，双手持哑铃置于体侧。

[动作方法] 双脚打开与肩同宽，手臂自然垂放于体侧。吸气时直臂前平举，掌心向下，与肩同高，呼气再向两侧打开使双臂成一条直线，向后拉伸双臂；吸气时手臂前平举，重复几次动作后还原到起始位置。

[强度设计] 次数：10 ~ 15 次，组数：2 ~ 3 组，间歇：30 ~ 60 秒。

[注意事项] 在整个运动过程中注意腿部核心区肌肉的紧张，维持身体稳定。

[目标肌群] 股直肌、股二头肌、腹直肌、腹横肌、竖脊肌、肱二头肌、三角肌。

16. 直立哑铃侧平举（图 8-14-2）

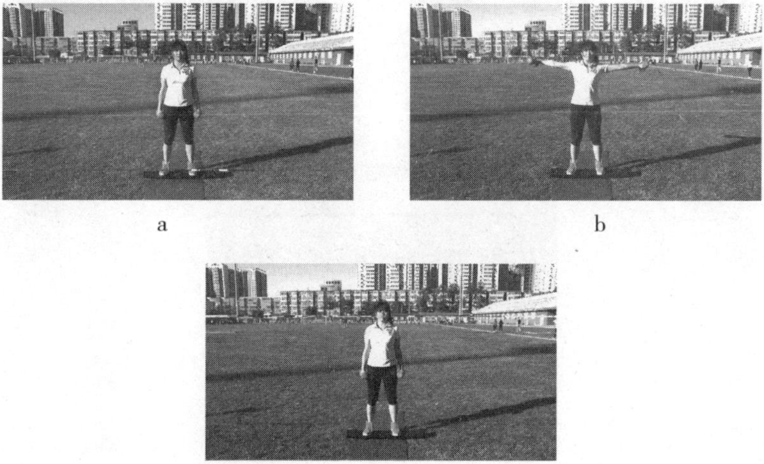

a　b　c

图 8-14-2

［**初始动作**］双脚站立于横放在地面的泡沫轴上，双手持哑铃置于体侧。

［**动作方法**］双脚打开与肩同宽，手臂自然垂放于体侧。吸气时直臂向两侧打开与肩同高成侧平举；呼气时还原到起始位置。

［**注意事项**］在整个运动过程中注意腿部核心区肌肉的紧张，维持身体稳定。

［**目标肌群**］股直肌、股二头肌、腹直肌、腹横肌、竖脊肌、三角肌。

17. 双手持哑铃屈膝下蹲（图 8–15）

a

b

c

图 8–15

［**初始动作**］直立，双手持哑铃，双脚踩在横放于地面的泡沫轴上。

［动作方法］双手自然垂放于体侧；双腿打开与肩同宽，脚尖朝前。呼气时，屈膝下蹲，大小腿尽量折叠 90°，同时双臂前平举，掌心向下；吸气时还原。

［强度设计］次数：10～15 次，组数：2～3 组，间歇：30～60 秒。

［注意事项］注意膝关节不要超过脚尖。

［目标肌群］股四头肌、臀大肌、腘绳肌、竖脊肌、三角肌。

18. 俯卧手持哑铃单臂上抬（图 8–16）

a　b　c　d　e

图 8–16

[初始动作] 俯卧撑姿势，双手支撑于泡沫轴上。

[动作方法] 双手手腕位于肩膀的正下方，右手持哑铃；双腿向后伸展，使身体成一条直线。吸气时，右臂向上抬起；呼气时还原。反之亦然。

[强度设计] 次数：10 ~ 15 次，组数：2 ~ 3 组，间歇：30 ~ 60 秒。

[注意事项] 在运动中注意收紧腹部，不要塌腰；维持身体的稳定。

[目标肌群] 腹横肌、髂腰肌、腰方肌、竖脊肌、肱三头肌、三角肌、胸肌、股四头肌、股二头肌。

19. 俯卧手持哑铃对侧腿臂上抬（图 8–17）

a

b

c

图 8–17

[初始动作] 俯卧撑姿势，双手支撑于泡沫轴上。

[动作方法] 双手手腕位于肩膀的正下方，右手持哑铃；双腿向后伸展，使身体成一条直线。吸气时，左臂和右腿同时向上抬起；呼气时还原。反之亦然。

[强度设计] 次数：10～15次，组数：2～3组，间歇：30～60秒。

[注意事项] 在运动中注意收紧腹部，不要塌腰；维持身体的稳定。

[目标肌群] 腹横肌、髂腰肌、腰方肌、竖脊肌、肱三头肌、三角肌、胸肌、股四头肌、股二头肌。

20. 跪姿手持哑铃对侧腿臂上抬（图8-18）

a

b

c

图8-18

[初始动作] 跪立在横放于地面的泡沫轴上，双手支撑地面，右手持哑铃。

［动作方法］双手和双膝打开与肩宽，双脚抬离地面，成四角支撑。身体稳定后，抬起右臂和左腿，动作维持 15 秒左右。然后换另一侧练习。

［强度设计］次数：10～15 次，组数：2～3 组，间歇：30～60 秒。

［注意事项］注意不要塌腰，收紧腹部；建议手腕及下背部疼痛者不要做此动作；保持腿部向正后方伸直。

［目标肌群］三角肌、腹内斜肌、腹直肌、腹横肌、臀大肌、臀中肌、股直肌、股二头肌、大收肌。

21. 仰卧手持哑铃振臂练习（图 8–19）

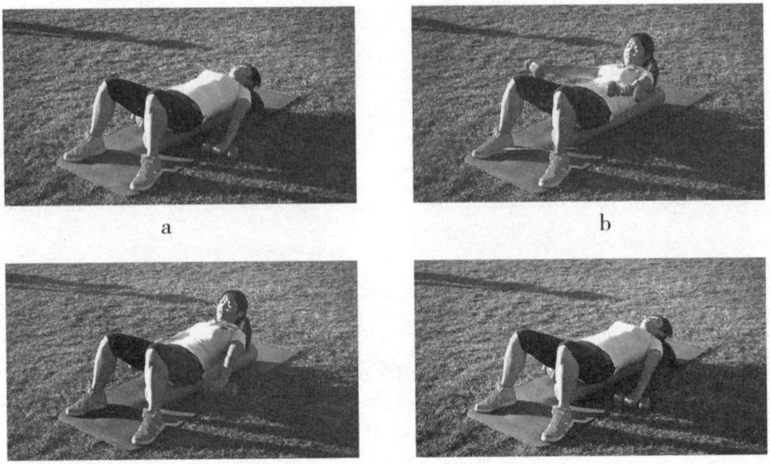

a b c d

图 8–19

［初始动作］仰卧，平躺在泡沫轴上。

［动作方法］双手持哑铃置于体侧，掌心向下，前臂支撑；双腿屈膝，双脚支撑地面稳定身体。吸气时，卷腹向上抬起

头、颈、肩，同时手臂抬离地面做上下振臂练习；呼气时慢慢下落还原。

[强度设计] 次数：10 ~ 15 次，组数：2 ~ 3 组，间歇：30 ~ 60 秒。

[注意事项] 在整个运动过程中注意收腹，维持身体的稳定。

[目标肌群] 腹直肌、腹横肌、前锯肌、三角肌、肱三头肌、斜方肌、半腱肌、半膜肌、肱二头肌。

22. 侧支撑持哑铃上举下放（图 8–20）

a

b

c

d

e

图 8–20

[初始动作] 左侧卧，左手抓握横放于地面的泡沫轴，右手持哑铃上举。

[动作方法] 左臂支撑，右臂置于体侧；双腿并拢伸直，双脚重叠，利用鞋的边缘支撑。吸气时伸直右臂向上；呼气时右臂下放躯干向右下方扭转；呼气时还原。反之亦然。

[强度设计] 动作维持 10～15 秒，动作重复 2～3 组。

[注意事项] 在动作完成过程中，始终保持腹部收紧，夹紧臀部，整个身体保持一条斜线。

[目标肌群] 腹直肌、腹斜肌、三角肌、斜方肌、腰方肌、臀中肌、股中间肌、股外侧肌、阔筋膜张肌、腓骨肌。

23. 跪姿持哑铃侧伸展（图 8–21）

a

b

c

图 8–21

[**初始动作**] 跪立，双手持哑铃置于体侧。

[**动作方法**] 双腿并拢，大小腿折叠 90°，双膝跪地，双臂置于体侧。吸气时，将左腿向左侧伸展，将左小腿置于泡沫轴上方，然后手臂侧平举，掌心向下。呼气时，躯干向左侧弯曲到最大限度；吸气时还原。反之亦然。

[**强度设计**] 次数：10 ~ 15 次，组数：2 ~ 3 组，间歇：30 ~ 60 秒。

[**注意事项**] 在整个运动过程中注意收腹，维持身体的稳定。

[**目标肌群**] 腹直肌、腹斜肌、竖脊肌、股内侧肌、股直肌、股二头肌、三角肌。

24. 跪姿手持哑铃单臂屈肘上抬（图 8-22）

a　b　c

图 8-22

[**初始动作**] 跪立在横放于地面的泡沫轴上，双手持哑铃支撑地面。

[**动作方法**] 双手和双膝打开与肩同宽，双脚抬离地面，成四角支撑。身体稳定后，吸气时，弯曲左手臂贴靠身体向斜后方抬起；呼气时还原。然后换另一侧练习。

[**强度设计**] 次数：10 ~ 15 次，组数：2 ~ 3 组，间歇：30 ~ 60 秒。

[**注意事项**] 注意不要塌腰，收紧腹部；双脚远离地面；建议手腕及下背部疼痛者不要做此动作。

[**目标肌群**] 三角肌、肱二头肌、腹斜肌、腹直肌、腹横肌、臀大肌、臀中肌、股直肌、股二头肌、大收肌。

25. 跪姿手持哑铃直臂上抬（图 8-23）

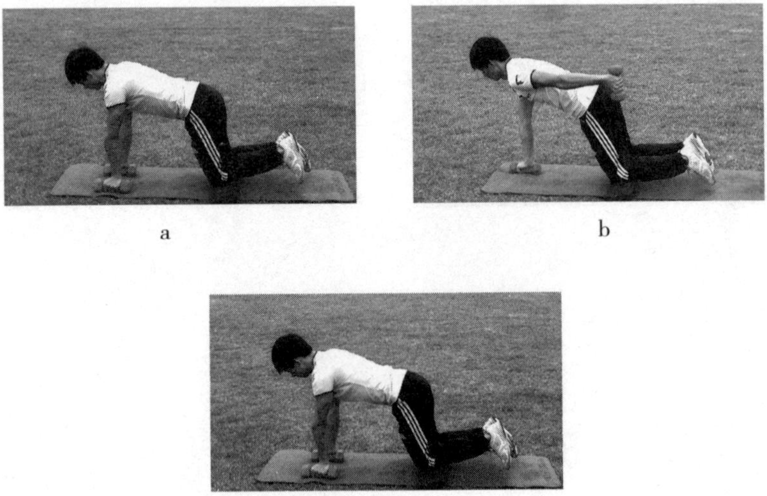

a　b　c

图 8-23

［初始动作］跪立在横放于地面的泡沫轴上，双手持哑铃支撑地面。

［动作方法］双手和双膝打开与肩同宽，双脚抬离地面，成四角支撑。身体稳定后，吸气时左臂直臂向斜后方抬起，动作维持 3 ~ 5 秒；呼气时还原。然后换另一侧练习。

［强度设计］次数：10 ~ 15 次，组数：2 ~ 3 组，间歇：30 ~ 60 秒。

［注意事项］注意不要塌腰，收紧腹部；双脚抬离地面；建议手腕及下背部疼痛者不要做此动作。

［目标肌群］三角肌、肱三头肌、腹斜肌、腹直肌、腹横肌、臀大肌、臀中肌、股直肌、股二头肌、大收肌。

（五）泡沫轴与悬吊、橡皮带组合训练

1. 双臂压轴悬吊双腿俯卧支撑（图 9–1）

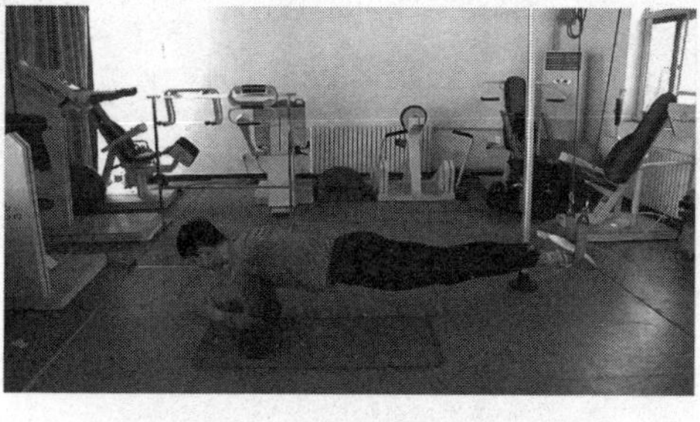

图 9–1

［初始动作］跪立，悬吊环置于体后，泡沫轴置于体前。

［动作方法］俯身向下，屈臂 90°，手肘支撑于泡沫轴上，双手握拳；双腿并拢向后伸展，将悬吊环分别挂在双脚脚面上。收紧腹部，使身体成一条直线，动作维持 10 秒左右。

[**强度设计**] 次数：10 ~ 15 次，组数：2 ~ 3 组，间歇：30 ~ 60 秒。

[**注意事项**] 注意收紧腹部，不要塌腰。

[**目标肌群**] 腹直肌、腹横肌、腹内斜肌、髂腰肌、腰方肌、臀大肌、股四头肌、三角肌。

2. 双臂压轴悬吊双腿俯卧收腿（图 9-2-1）

a b c d e

图 9-2-1

［**初始动作**］俯卧，将悬吊环分别挂在双脚脚面上，手肘支撑于泡沫轴上。

［**动作方法**］屈臂 90°，手肘支撑于泡沫轴上，双手交叉；双腿并拢向后伸展，将悬吊环分别挂在双脚脚面上；收紧腹部，使身体成一条直线。脚面紧贴悬吊环，保持双臂固定，吸气时缓慢地屈膝收腿；呼气时还原。

［**强度设计**］次数：10 ~ 15 次，组数：2 ~ 3 组，间歇：30 ~ 60 秒。

［**注意事项**］在整个动作完成过程中，双臂发力支撑，躯干保持稳定。

［**目标肌群**］腹直肌、腹横肌、腹内斜肌、髂腰肌、腰方肌、多裂肌、臀大肌、股四头肌、三角肌、股二头肌。

3. 双臂压轴悬吊双腿俯卧收腿（图 9-2-2）

a　b　c　d

图 9-2-2

[**初始动作**] 俯卧，将悬吊环分别挂在双脚脚面上，手肘支撑于泡沫轴上。

[**动作方法**] 屈臂 90°，手肘支撑于泡沫轴上；双腿并拢向后伸展；收紧腹部，使身体成一条直线。脚面紧贴悬吊环，保持双臂固定，吸气时缓慢地屈膝收左腿；呼气时还原，再缓慢屈膝收右腿，双腿交替快速回收。

[**强度设计**] 次数：10 ~ 15 次，组数：2 ~ 3 组，间歇：30 ~ 60 秒。

[**注意事项**] 在整个动作完成过程中，注意收腹，避免双腿外展。

[**目标肌群**] 腹直肌、腹横肌、腹内斜肌、髂腰肌、腰方肌、多裂肌、臀大肌、股四头肌、股二头肌、三角肌。

4. 双臂压轴悬吊双腿抗阻外展（图 9–3）

a

b

c

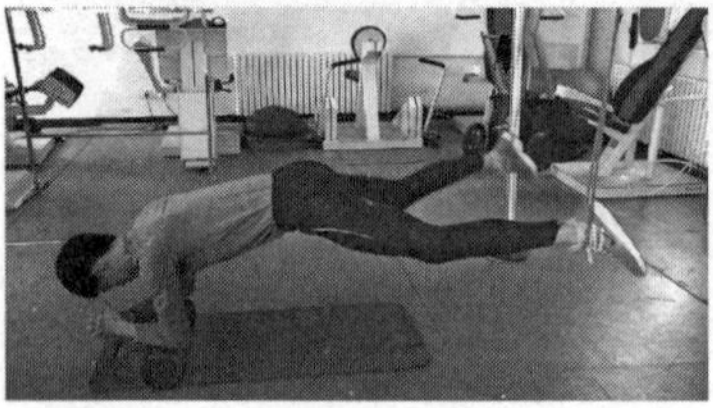

d

e

图 9–3

[初始动作] 俯卧，将训练带套住双脚脚踝，悬吊环分别挂在双脚脚面上，手肘支撑于泡沫轴上。

[动作方法] 屈臂 90°，手肘支撑于泡沫轴上；双腿并拢向后伸展；收紧腹部，使身体成一条直线。脚面紧贴悬吊环，保持双臂固定，呼气时将双腿缓慢向外打开；吸气时还原。

[强度设计] 次数：10 ~ 15 次，组数：2 ~ 3 组，间歇：30 ~ 60 秒。

[注意事项] 在整个动作完成过程中，注意收腹，避免双腿外展。

[目标肌群] 腹直肌、腹横肌、竖脊肌、多裂肌、臀大肌、股四头肌、股二头肌、三角肌。

5. 双脚压轴悬吊屈臂上体抬（图 9–4）

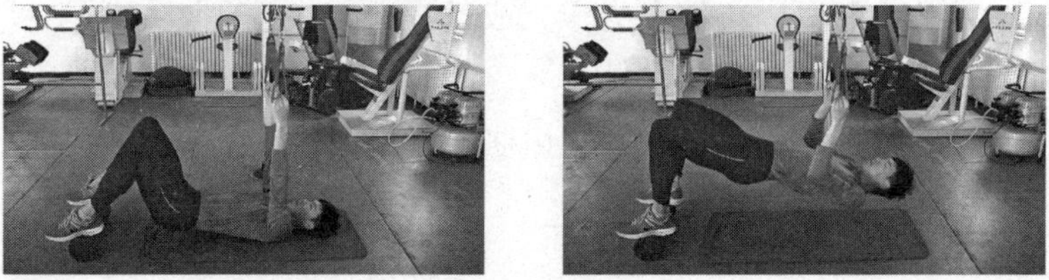

a　　　　b

c

d

e

f

图 9–4

［**初始动作**］仰卧，双手抓握训练带，双脚支撑于泡沫轴上。

［**动作方法**］双手直臂抓握训练带；屈膝，双脚支撑于泡沫轴上，双腿打开与肩同宽，脚尖向前。吸气屈手臂用力，上体上抬，使膝、髋、肩在一条直线上；呼气时还原。

［**强度设计**］次数：10 ~ 15 次，组数：2 ~ 3 组，间歇：30 ~ 60 秒。

［**注意事项**］在整个动作完成过程中，注意收腹，避免双膝外展。

［**目标肌群**］腹直肌、腹横肌、竖脊肌、多裂肌、股四头肌、肱二头肌、三角肌。

6. 悬吊单腿屈膝下蹲（图 9–5）

a

b

c

d

e

f

g

图 9–5

[初始动作] 直立，将悬吊环挂在右脚面上，左腿支撑于泡沫轴上。

[动作方法] 弯曲右腿，将悬吊环挂在右脚脚面上，左脚踩在泡沫轴上，左腿伸直，使髋、膝、踝在一条直线上；手臂前平举，掌心相对。呼气时屈左膝下蹲，大小腿尽量折叠90°；吸气时还原。

[强度设计] 次数：10～15 次，组数：2～3 组，间歇：30～60 秒。

[注意事项] 在整个动作完成过程中，注意收腹，膝盖不要超过脚尖。

[目标肌群] 腹直肌、腹横肌、竖脊肌、多裂肌、臀大肌、股四头肌、股二头肌。

7. 泡沫轴悬吊摆腿（图 9–6）

a b

c d

图 9–6

[初始动作] 仰卧，双脚套在训练带上，上背部支撑于泡沫轴上，双手抓握固定物。

[动作方法] 双腿伸直并拢，挺髋收腹夹臀。呼气时双腿快速地前后摆动；吸气还原。

[强度设计] 次数：10 ~ 15 次，组数：2 ~ 3 组，间歇：30 ~ 60 秒。

[注意事项] 在整个动作完成过程中，注意收紧腹部核心肌群，动作幅度由慢到快。

[目标肌群] 腹直肌、腹横肌、竖脊肌、多裂肌、髂腰肌、臀大肌、股四头肌、肱二头肌。

六、泡沫轴游戏组合训练

1. 障碍跑接力

游戏目的：发展学生的上肢力量和奔跑速度。

准备工作：

(1) 在场地上画两条相距 20 米的平行线，作为起点线，每隔两米设置一个障碍物。

(2) 泡沫轴 3 个、小栏架 3 个、高栏架 3 个。

游戏进行：教师可将学生分成人数相等的两队，各队又分成甲队、乙队两组，各成纵队相对站在两条起点线后，队与队的间隔为 3 米。比赛开始，两名学生配合，推小车前进，手臂依次迈过横放于地面的泡沫轴和小栏架。当经过最后一个小栏架时，两人同时站起，然后钻过高栏。在经过最后一个高栏架后，两人往起点方向跑回。当最后一个人到达起点后，本队的下一组队员出发。依次进行，以跑完的先后顺序判定输赢。

游戏规则：

（1）起跑和换人时，必须在起点线后进行。

（2）必须从障碍物的上方迈过，不能从物体的两侧绕过。

2. 大猩猩赛跑

游戏目的： 发展学生的下肢力量和协调性。

准备工作：

（1）在场地上画两条相距 20 米的平行线，作为起点线。

（2）泡沫轴 2 个。

游戏进行： 教师可将学生分成人数相等的两队，各成一路纵队，彼此间隔 3 米站在起点线后。每队第一人用腹部夹紧泡沫轴做好准备，比赛开始，由第一人开始向前跑出，绕过标志物跑回，将泡沫轴交给第二人，依次进行，以先完成的队为胜。

游戏规则：

（1）起跑和换人时，必须在起点线后进行。

（2）在比赛途中，轴若掉落，须在原地夹好后再继续前进，否则判为失败。

3. 开坦克

游戏目的： 发展学生的身体协调能力。

准备工作：

（1）在场地上画两条相距 10 米的平行线，作为起点线。

（2）泡沫轴若干。

游戏进行： 教师可将学生分成人数相等的若干组，各成纵队面对起点线站在线后 2 米处。各队两名队员配合，一个人俯

卧到横摆放于地面的若干个泡沫轴上，双手支撑地面，双脚抬离地面，慢慢地往前爬行，另一个人负责泡沫轴的摆放。到达10 米线后，双方交换角色，快速地返回起点。当最后一个人到达起点后，本队的下一组队员出发。依次进行，以跑完的先后顺序判定名次。

游戏规则：起跑和换人时，必须在起点线后进行。

4. 搭桥过河

游戏目的：发展学生的平衡能力。

准备工作：

(1) 在场地上画两条相距 20 米的平行线，作为起点线。

(2) 半圆轴若干。

游戏进行：教师可将学生分成人数相等的若干组，各成纵队面对起点线站在线后。

每人手持一块半圆轴成一路纵队在起跑线后站好。比赛开始，依次将半圆轴传给最前面的队员搭成桥过河，以最后一人通过终点并将半圆轴收回为比赛结束，用时少的队为胜。

游戏规则：

(1) 身体不许接触地面。

(2) 泡沫轴必须贴紧放。

5. 协同作战 (2 人)

游戏目的：发展学生的侧向移动能力和协同配合能力。

准备工作：

(1) 在场地上画两条相距 20 米的平行线，作为起点线。

(2) 泡沫轴若干。

游戏进行：教师可将学生分成人数相等的若干组，各成纵队面对起点线站在线后。参赛者背对背，互相挽住对方的手臂，中间夹一泡沫轴，站在起跑线后。比赛开始，二人迅速侧身向前跑，绕过标志物跑回将球交给后面的队员，依次进行，以先跑完的队为胜。

游戏规则：

（1）不得松开手臂。

（2）泡沫轴若掉下必须拾起重新开始。

6. 足跳接力

游戏目的：发展学生的下肢力量及跳的能力。

准备工作：

（1）在场地上画两条相距 20 米的平行线，作为起点线。

（2）泡沫轴若干。

游戏进行：教师可将学生分成人数相等的若干组，各成纵队面对起点线站在线后 2 米处。学生成一路纵队站立在起跳线后，距离起跳线 20 米处放一标志物，教师发令后，排头用单脚连续跳，且抬起的那条腿夹半圆轴，绕过标志物跳回，拍第二人的手，自己站到排尾。依次进行，以先跳完的队为胜。

游戏规则：

（1）起跑和换人时，必须在起点线后进行。

（2）泡沫轴若掉下必须拾起重新开始。

七、知识拓展——网球按摩

一般说来，在训练中，如果我们经常做某些动作，就会对某些肌肉反复施加压力。多次施压会导致肌肉过度训练、紧张，出现激痛点。激痛点是指在一块肌肉内，肌纤维过度活跃，无法放松，无法自收缩状态还原的特定区域，即结节。激痛点的最常见治疗工具是泡沫轴。而网球则更有可能使你专注于某个激痛点，使效果达到肌肉深层。激痛点会对压力产生反应，只要碰到那里，就会产生疼痛感。当你保持按压这一点时，疼痛感会逐渐减轻，直至慢慢消失。对于初学者建议您从泡沫轴按摩开始学起，熟练以后再尝试网球按摩。下面我们将会介绍一些肌肉紧张的最常见区域按摩的方法。

1. 脚（图 10–1）

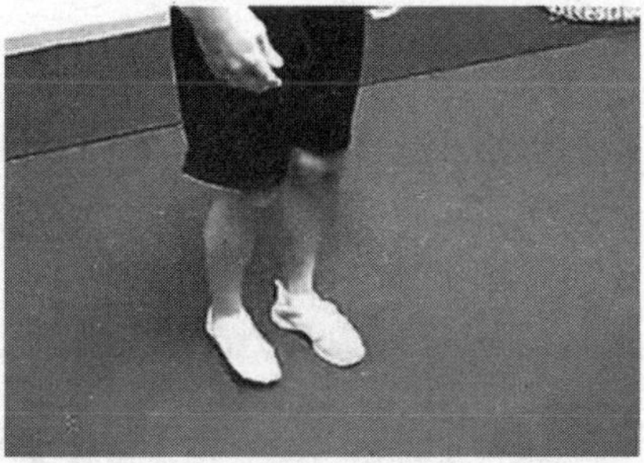

图 10–1

脚上并不存在激痛点，但脚上的足底筋膜的功能直接影响着腿上的其他部分，由于我们大多数人的足部肌肉是紧张的，网球按摩能够让脚放松下来。

［**动作方法**］单腿站立，悬空腿踩在球上，体重置于支撑腿。让球在脚底四处滚动，动作持续 30 秒。按摩到脚底的所有区域，包括足弓下方。如果某区域的肌肉特别紧张，就在那里停留一段时间。

2. 小腿后部（图 10-2）

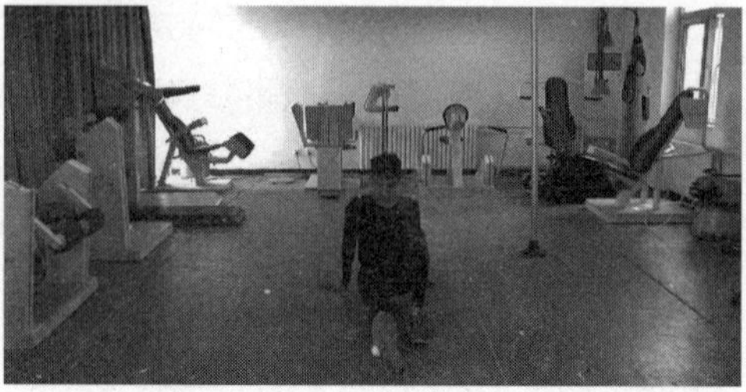

图 10–2

几乎所有人的腓肠肌和比目鱼肌都存在着激痛点，但大多数人意识不到其存在。

［**动作方法**］坐在地上，然后将身体抬高一点，将球置于小腿后部下方。使球由跟腱一直滚动膝关节下方，动作要缓慢。遇到敏感点就停留一段时间。需要注意的是身体距离地面越远，施加在球上的压力越大。

3. 腓骨肌群（图 10-3）

图 10–3

腓骨肌群的紧张会导致膝部疼痛，因此我们可以充分利用网球放松该部位的肌肉。

［**动作方法**］侧卧，将球置于小腿外侧下方。使球上下缓

慢滚动，如果某个点特别敏感，就在那里停留一段时间，再继续滚动。

4. 大腿（图 10–4）

图 10–4

由于受工作、运动等因素的影响往往会造成大腿筋膜的紧张，存在着激痛点。

［**动作方法**］使网球由膝部向上，向着髋部滚动。如果触到了感觉酸痛的点，停留一段时间。

5. 臀部（图 10–5）

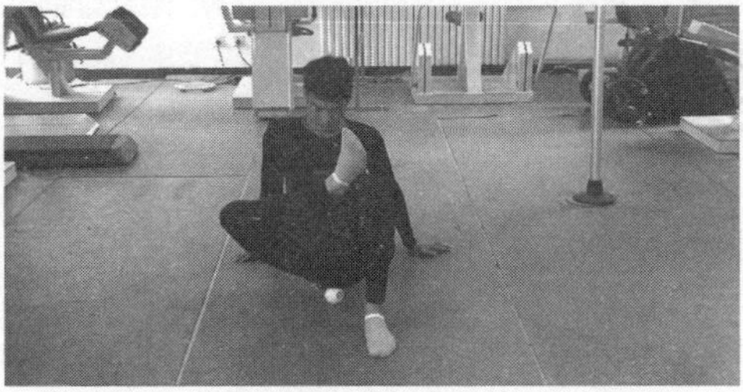

图 10–5

经常久坐的人或长期进行运动训练的运动员，这个部位通常会长期处于缩短状态，随着时间的推移，肌肉会变得僵硬难以恢复正常长度。

［**动作方法**］将网球置于臀部下方，在可承受范围内，尽量将更多的体重置于网球上。开始寻找激痛点，然后以画圆的方式来回移动，可有效地放松臀部紧张的肌肉。

6. 肩袖（图 10–6）

图 10–6

由于日常生活中错误的坐姿，长时间使用手臂，一只手使用鼠标，长时间打字，肘部得不到充足的休息时间等原因都会导致肩袖肌群（冈下肌、小圆肌、肩胛下肌、冈上肌）肌肉紧张。下面的方法能够缓解肩部神经受压迫的问题。

［**动作方法**］侧卧，将球置于冈下肌和小圆肌下方，然后四处滚动一下，找出最紧张的区域，找到激痛点之后，停留一段时间。建议一周 3~5 次，每次持续时间 10~15 分钟。

7. 斜方肌（图 10–7）

斜方肌位于颈部两侧，日常坐姿不正确、压力、力量训练和日常生活都会导致斜方肌紧张。斜方肌由颈部笔直向下延伸至中背部。

［**动作方法**］把球放在地面上，仰卧，手臂上举，掌心相对。找出斜方肌上最紧张的区域后，呼气时手臂侧平举，吸气时还原。注意尽量使颈部和头部保持放松。

a

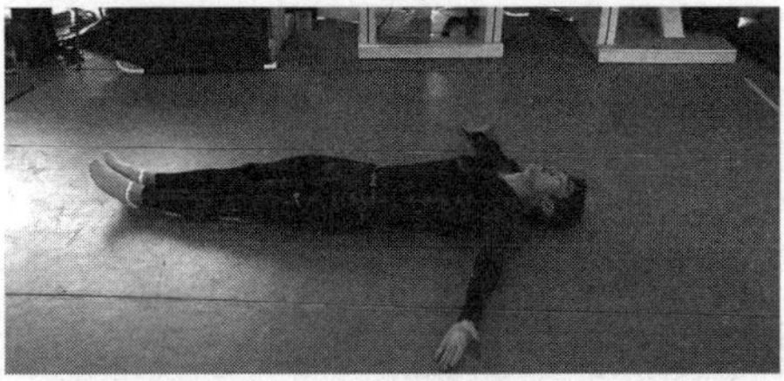

b

图 10-7

8. 胸肌（图 10-8）

a

b

图 10-8

整天坐着用电脑会导致胸肌紧张，易造成含胸弓背，使胸大肌和胸小肌倾向于缩短状态。为了身体健康，必须进行胸肌的放松，使其恢复正常状态。

[**动作方法**] 俯卧，将球置于胸部的位置，使球四处滚动，直到找到紧张和脆弱的区域，保持一段时间，直到疼痛感下降到 30%左右，使手臂前后地摆动，放松肌肉。

9. 竖脊肌（图 10–9）

图 10–9

不良的坐姿会导致脊柱周围肌肉紧张，尤其是胸椎和颈椎周围的肌肉及筋膜。如果肌肉长时间得不到放松，容易造成脊柱的变形、侧弯等现象。通过采用网球按摩背部深层肌肉有助于放松紧张的肌肉，提高脊柱的灵活性，矫正圆肩驼背，同时这种方法对于椎间盘突出的治疗也有辅助性作用。

[**动作方法**] 将两个网球，放在身后的地上，仰卧，使这两个球放到脊柱旁开 1.5 寸的位置即竖脊肌的下方，然后靠腿部蹬地的力量使身体前后的滚动，注意球之间的空隙，从而避免脊柱受到压迫。

附录　目标位肌肉图（Targeted muscle figure）

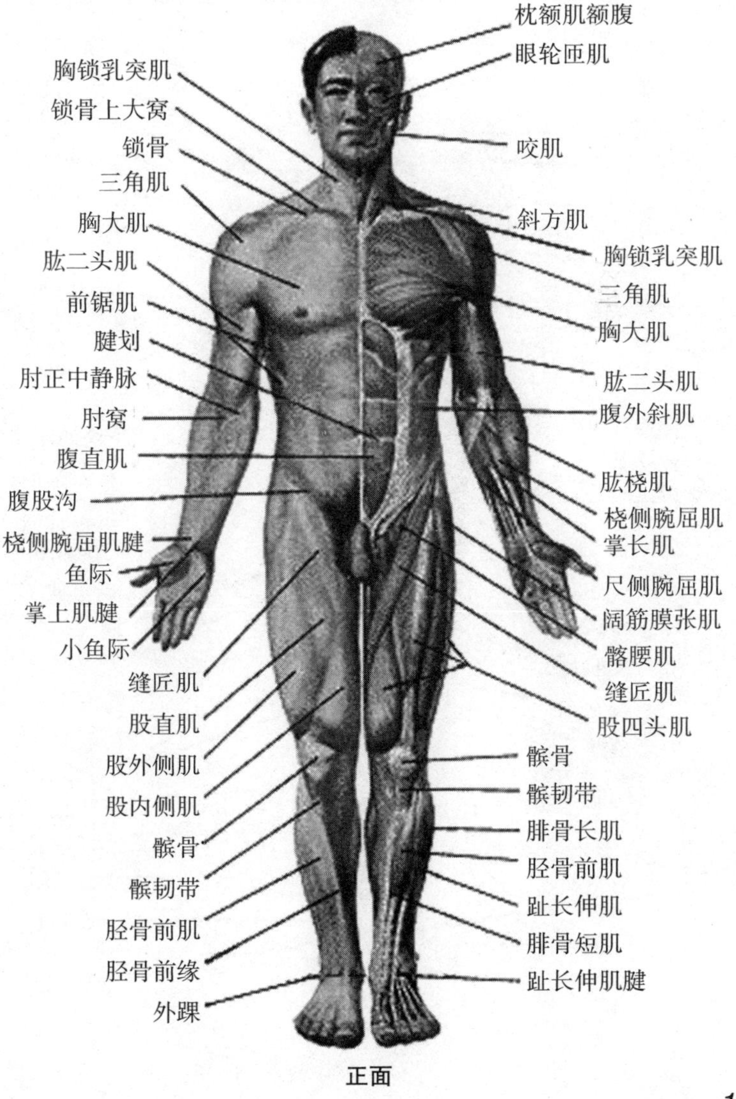

正面

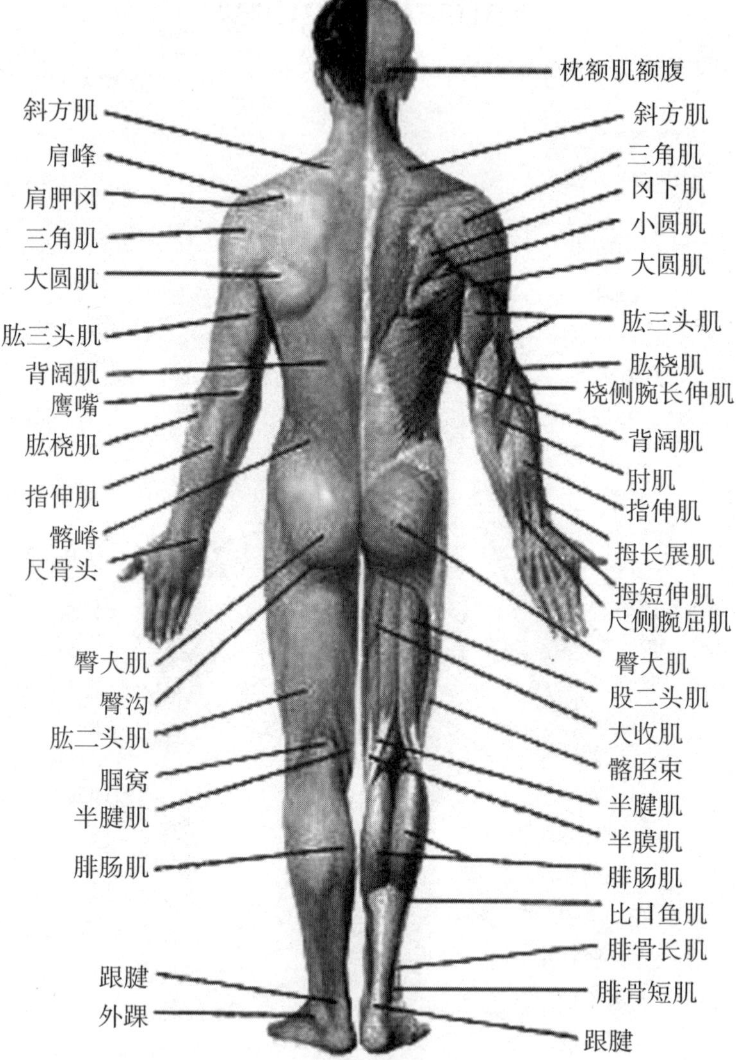
斜方肌
肩峰
肩胛冈
三角肌
大圆肌
肱三头肌
背阔肌
鹰嘴
肱桡肌
指伸肌
髂嵴
尺骨头
臀大肌
臀沟
肱二头肌
腘窝
半腱肌
腓肠肌
跟腱
外踝
枕额肌额腹
斜方肌
三角肌
冈下肌
小圆肌
大圆肌
肱三头肌
肱桡肌
桡侧腕长伸肌
背阔肌
肘肌
指伸肌
拇长展肌
拇短伸肌
尺侧腕屈肌
臀大肌
股二头肌
大收肌
髂胫束
半腱肌
半膜肌
腓肠肌
比目鱼肌
腓骨长肌
腓骨短肌
跟腱

背面

图书在版编目（CIP）数据

泡沫轴组合训练 / 李建臣，李厚林，谭正则主编. –北京：人民体育出版社，2017（2021.1.重印）
（青少年功能性体能训练指导丛书）
ISNB 978-7-5009-5107-0

Ⅰ.①泡… Ⅱ.①李… ②李… ③谭… Ⅲ.①青少年–身体训练 Ⅳ.①G808.17

中国版本图书馆 CIP 数据核字（2017）第007582号

*

人民体育出版社出版发行
三河兴达印务有限公司印刷
新　华　书　店　经　销

*

850×1168　32开本　6.5印张　180千字
2017年6月第1版　　2021年1月第2次印刷
印数：3,001—4,500册

*

ISBN 978-7-5009-5107-0
定价：46.00元

社址：北京市东城区体育馆路8号（天坛公园东门）
电话：67151482（发行部）　　邮编：100061
传真：67151483　　邮购：67118491
网址：www.sportspublish.cn
（购买本社图书，如遇有缺损页可与邮购部联系）